Fernlehrbrief
Arbeitspsychologie I
Gestaltung menschlicher Arbeit

Autoren:
Prof. Dr. Eva Bamberg
Prof. Dr. Gisela Mohr
Dr. Christine Busch

Modulverantwortlicher:
Prof. Dr. Frank Vogelgesang

Herausgeber:
PFH Private Hochschule Göttingen
Weender Landstraße 3-7
37073 Göttingen
Tel.: +49 (0)551 54700-0

Verlag:
© 2016 Hogrefe Verlag GmbH & Co. KG
Göttingen • Bern • Wien • Oxford • Boston • Paris • Amsterdam
Prag • Florenz • Kopenhagen • Stockholm • Helsinki • São Paulo
Merkelstraße 3, 37085 Göttingen

Sonderausgabe: Der Fernlehrbrief basiert auf Kapitel 1 bis 4 des Buches „Arbeitspsychologie" von Eva Bamberg, Gisela Mohr und Christine Busch (2012). ISBN 978-3-8017-2165-7

1. Auflage, Göttingen 2014 | PFH.FLB.197.1210-1

Inhaltsverzeichnis

Abbildungsverzeichnis

Tabellenverzeichnis

Einleitung

Der Fernlehrbrief beschäftigt sich mit dem Themenbereich der Arbeitspsychologie, welche in den letzten Jahren immer mehr an Bedeutung
gewonnen hat. Die Arbeitspsychologie muss dabei von der Organisationspsychologie abgegrenzt werden. Während die Organisationspsychologie
Fragen und Themen aus der Perspektive der Organisation und aufgrund
der Auseinandersetzung mit dieser behandelt, befasst sich die Arbeitspsychologie mit Fragen aus der Perspektive des einzelnen Individuums. Hier
stehen Themen im Vordergrund , die sich aus der Auseinandersetzung
des Einzelnen mit seinen Aufgaben ergeben.

Gegenstand der Arbeitspsychologie ist der Mensch und sein Verhältnis
zur Arbeit. Um einen Einstieg in das Themenfeld der Arbeitspsychologie
gewinnen zu können, wird im ersten Fernlehrbrief zunächst der Begriff
„Arbeit" abgegrenzt und die Bedeutung der Arbeit für den Menschen
eingeschätzt. Des Weiteren wird die Frage geklärt, wie verschiedene
Merkmale von Arbeitsteilung sich auf Arbeitsbedingungen und die Organisation von Arbeitstätigkeiten auswirken. Darauf aufbauend wird die
Analyse des Arbeitshandels und die psychische Vorhänge, die das Handeln begleiten, erläutert.

Einordnung des Lehrbriefes im Rahmen des Fernstudiums

„Die Hauptaufgaben arbeitspsychologischer Tätigkeit sind: Analyse, Bewertung und Gestaltung von Arbeitstätigkeiten und Arbeitssystemen nach
definierten Humankriterien" (Ulich, 2005, S. 2).

Besonders interessant an dieser Definition arbeitspsychologischer Tätigkeit ist die Aussage: „nach definierten Humankriterien". Es stellen sich
sofort zwei Fragen: Wer definiert hier, und was bedeutet human? Human
bedeutet zunächst nichts anderes als „menschlich". Im Mittelpunkt arbeitspsychologischen Handelns steht also der Mensch. Das ist nicht
trivial, sondern hat ganz entscheidende Auswirkungen. Es könnten auch
Effizienz, Kosteneinsparungen oder der Gewinn im Mittelpunkt stehen.
Die genannten Aspekte sind dabei aber nicht irrelevant, vielmehr strebt
jeder Betrieb nach Effizienz und Gewinn (es sei denn, es handelt sich
um eine Non-Profit-Organisation). Die Aufgabe der Geschäftsleitung ist
es, für diese wesentlichen Parameter wirtschaftlichen Handelns Sorge
zu tragen. Die Psychologie agiert im Auftrag der Geschäftsleitung, d. h.
auch Arbeitspsychologen sind nicht unabhängig von dieser Aufgabe.
Allerdings ist die Psychologie von der Betriebswirtschaftslehre dadurch zu
unterscheiden, dass der Mensch im Mittelpunkt des Handelns steht und
nicht die betriebswirtschaftlichen Zahlen. Durch Psychologen holen sich
Betriebe einen zusätzlichen Blickwinkel in die Organisation. Auch wenn

es darum geht, dass der arbeitende Mensch einen möglichst optimalen Beitrag zum Gewinn beisteuern soll, interessiert die Psychologie nicht primär der Beitrag, sondern der Mensch.

Der Fernlehrbrief gibt einen Überblick über diese psychologische Arbeitsweise in Unternehmen. Zahlreiche Beispiele, Definitionen und Zusammenfassungen sowie Tabellen und Abbildungen strukturieren den Text und erleichtern die Prüfungsvorbereitung.

Aufbau und Konzeption dieses Lehrbriefes

Das erste Kapitel dient der Einleitung und gibt einen Überblick über die Herkunft und die Entwicklung des Begriffes Arbeit. Es wird dargestellt, warum Bezahlung aus arbeitspsychologischer Perspektive kein geeignetes Kriterium für Arbeit ist. Im zweiten Kapitel wird aufgezeigt, dass verschiedene Merkmale von Arbeitsleistung eng mit der technologischen Entwicklung verbunden sind. Das dritte Kapitel befasst sich mit der Handlungsregulationstheorie. Sie versucht, die geistigen Vorgänge beim Arbeitshandeln zu beschreiben und Wirkungen von Arbeitsaufgaben auf den Arbeitenden vorherzusagen. Ziel ist, aus der Handlungsregulationstheorie Schlussfolgerungen für die Arbeitsgestaltung zu ziehen. Das abschließende Kapitel widmet sich den Themen Berufswahl und berufliche Laufbahnentwicklung. Dabei werden klassische Konzepte zur Berufswahl sowie Prozesse und Einflussfaktoren, die bei der Berufswahl eine zentrale Rolle spielen, betrachtet.

Lernziele dieses Lehrbriefes

- Was ist Arbeit?
- Entstehung des Fachs Arbeitspsychologie
- Technologieentwicklung und Merkmale der gesellschaftlichen Arbeitsteilung
- Arbeitsteilung und Menschenbilder
- Definition der Handlung und Merkmale des Handelns
- Implikationen der Handlungsregulationstheorie für die Arbeitsgestaltung
- Geschlechtsspezifische Berufswahl
- Prozesse und Einflussfaktoren bei der Berufswahl

Kapitel 1
Geschichte der Arbeit und der Arbeitspsychologie

Tim Vahle-Hinz und Gisela Mohr

Inhaltsübersicht

1.1   Einleitung

2007 nahm die Musikgruppe „Wir sind Helden" ein Lied mit dem Titel „(Ode) An die Arbeit" auf. Das Lied handelt davon, wie die Sängerin der Gruppe versucht, den Begriff „Arbeit" zu erklären, und endet mit einem Zuruf aus dem Hintergrund, nicht faul zu sein, sondern statt der Träumereien (oder Spinnereien) wieder an die Arbeit zu gehen.

Redet man mit anderen über den Begriff „Arbeit", dann wird schnell klar, dass zwar jeder sofort weiß, was er unter Arbeit versteht, doch gleicht keine Darstellung der anderen. Die negative Konnotation des Begriffes „Arbeit" schafft schnell Konsensfähigkeit. Doch wenn man über den Begriff „Arbeit" länger nachdenkt und sich z. B. sein Leben ohne Arbeit vorstellt, so wird auch deutlich, dass der Begriff „Arbeit" positiv besetzt sein kann. Eins steht unabhängig von der individuellen Einstellung gegenüber Arbeit (als Mühsal oder als Lebenserfüllung) fest: Arbeit macht einen Großteil unseres Lebens aus! Die Arbeitspsychologie widmet sich diesem wichtigen Feld und betrachtet den Menschen und die Arbeit.

Der vorliegende Fernlehrbrief beschäftigt sich mit der Arbeitspsychologie. Deswegen ist es notwendig, kurz darauf hinzuweisen, wodurch sich die Arbeits- von der Organisationspsychologie unterscheidet: Die Organisationspsychologie behandelt Fragen aus der Perspektive der Organisation und damit Themen, die in der Auseinandersetzung des Menschen mit Organisationen begründet liegen. Die Arbeitspsychologie befasst sich mit Fragen aus der Perspektive des einzelnen Individuums und behandelt Themen, die sich aus der Auseinandersetzung des Einzelnen mit seinen Aufgaben ergeben.

Das wesentliche Lernziel dieses Kapitels ist, dass Sie sich damit auseinandersetzen, was Arbeit bedeuten kann und ein Grundverständnis darüber erwerben, worum es im Bereich der Arbeitspsychologie geht.

Aufgabe

Versuchen Sie, bevor Sie mit dem Lesen anfangen, eine Antwort auf die folgende Frage zu finden: Arbeiten Sie, während Sie dieses Kapitel lesen?

Haben Sie eine Antwort gefunden? Wir werden auf diese Frage im Laufe des Kapitels zurückkommen.

1.2   Was ist Arbeit?

Der Gegenstand der Arbeitspsychologie ist der Mensch unter Bezugnahme auf die Arbeit. Um einen Einstieg in das Themenfeld der Arbeitspsychologie gewinnen zu können, ist es wichtig, sich mit dem Begriff „Arbeit" auseinanderzusetzen, Arbeit gegenüber anderen Begriffen abzugrenzen und die Bedeutung der Arbeit für den Menschen einschätzen zu können.

1.2.1 Herkunft und Entwicklung des Begriffes

Die Auseinandersetzung mit dem Begriff „Arbeit" führt immer zu einer Auseinandersetzung mit den „zwei Gesichtern" der Arbeit (Lewin, 1920). Einerseits wird der Begriff mit „Mühsal", „Plackerei" oder „Schuften" verbunden. Im Deutschen leitet sich der Begriff von „erebeit" ab und bedeutet so viel wie „mühselig, belastet, alleingelassen"; der englische Begriff „labour" kommt von „leiden", und das spanische „trabajo" entstammt gar dem Begriff für „Folter" (Neuberger, 1985). Andererseits gibt die Mehrheit bei der Frage „Was würden Sie tun, wenn Sie eine Million Euro gewinnen würden?" an, dass sie nicht aufhören würde zu arbeiten. Auch in einer Studie von Arvey, Harpaz und Hui (2001; zitiert nach Harpaz, 2002) konnte gezeigt werden, dass 86 % der Menschen, die in den USA im Lotto gewonnen haben (der durchschnittliche Gewinn lag bei 3,4 Mio. Dollar), weitergearbeitet haben.

Zwei Bedeutungsdimensionen spielen also beim Arbeitsbegriff eine besondere Rolle: positiv vs. negativ. Unter positivem Blickwinkel steht Arbeit in Verbindung mit Erfolgserlebnissen, Selbstbestätigung, Freude oder dem Gefühl, gebraucht zu werden. Arbeit ist in diesem Sinne Lebenserfüllung. Der negative Blickwinkel bezieht sich auf das Erdulden bzw. das Aushalten der Arbeit. Im negativen Sinne wird Arbeit als Mühe, Plage oder Last empfunden.

Zwei Seiten der Arbeit

Die geschichtliche Entwicklung des Arbeitsbegriffes spannt einen Bogen von Arbeit als Tätigkeit der Armen (z. B. haben Adlige nach früherem Sprachgebrauch nicht gearbeitet) bis hin zu Arbeit als Notwendigkeit für Reichtum (z. B. durch harte Arbeit zum finanziellen Erfolg gelangen). Im Nachfolgenden wird grob und zum Teil sehr vereinfacht die Begriffgeschichte von Arbeit wiedergegeben, da mit dem unterschiedlichen Verständnis von Arbeit im Laufe der Geschichte auch jeweils ein ganz unterschiedliches psychologisches Verständnis verbunden ist. Für eine detaillierte Darstellung sei ausdrücklich auf Conze (2004) verwiesen.

Im antiken Griechenland kam Arbeit zunächst eine geminderte Bedeutung zu. Arbeit war eine notwendige Tätigkeit, wurde aber eher von Knechten oder Sklaven verrichtet. Es gab eine Unterscheidung in die tugendhaften Tätigkeiten des Bürgers, deren Ertrag von dauerhaftem Nutzen war oder Ehre bedeutete, und den niedrig geschätzten Arbeiten, die aus Notwendigkeit geboren waren. Die Tätigkeiten des Bürgers wurden also nicht mit dem Begriff „Arbeit" assoziiert. Bei den Römern veränderte sich diese Vorstellung, und der Begriff „Arbeit" wurde aus seiner Verbindung mit niedrigeren Tätigkeiten herausgelöst. Der mythische Hintergrund hierfür war, dass Jupiter die bisher friedliche und nahrungsspendende Natur verwandelt habe und den Menschen so zur Tätigkeit zwinge. Körperliche, landwirtschaftliche Arbeit war Mittel zur Bezwingung der Natur und wurde daher ebenfalls mit Ehre verbunden (natürlich nur insofern sie von einem freien Bürger ausgeführt wurde).

Notwendige
Tätigkeit, aber
auch Freude

Im christlichen Verständnis setzte sich diese Veränderung der Bedeutung fort. Arbeit war auch hier eine Tätigkeit, die Gott dem Menschen aufgetragen hatte. Zunächst war es die Aufgabe des Menschen, den Garten Eden zu bearbeiten. Nach Verbannung des Menschen aus dem Paradies wurde Arbeit nach christlichem Verständnis zur Mühsal. Zentral blieb aber das Verrichten der Arbeit im Sinne Gottes. Das heißt, dass Arbeit nicht im Streben nach materiellem Gewinn lag. Vielmehr beinhaltete Arbeit auch den Dienst am Nächsten oder an der Gemeinde. Arbeit sollte von Herzen und mit Freude getan werden.

Die christliche Entwicklung der Bedeutung von Arbeit verstärkte die Tendenz, dass körperliche Arbeit nicht immer abgewertet wurde, sie führte aber auch dazu, dass sich der Wert der Arbeit an der Nützlichkeit orientierte. Es ist anzumerken, dass sich der allgemeine Sprachgebrauch nicht vollständig dieser positiven Betrachtungsweise von Arbeit anschloss, vielmehr blieb parallel und gleichbedeutend auch die Bedeutung des „Sich-Abmühens" und damit die negative Seite der Arbeit bestehen.

Die technologische Entwicklung und die zunehmende Industrialisierung (vgl. Kapitel 2) führten zu weiteren Veränderungen der Bedeutung von Arbeit. Arbeit wurde immer mehr als Mittel zum Zweck verstanden und mit Leistungserbringung zur Erreichung eines Ziels verbunden. Für Fabrikbesitzer war z. B. das Ziel der Arbeit, die Produktion ihrer Fabriken voranzutreiben und ihren finanziellen Gewinn zu steigern, für Arbeiter in den Fabriken bestand der Zweck der Arbeit z. B. darin, Geld zu verdienen, um das Leben finanzieren zu können. Damit Arbeit diesen Zweck für die Arbeiter erfüllen konnte, mussten sie gewisse Leistungserwartungen erfüllen. Arbeit wurde stärker als bisher mit Gewinn oder Ertrag verbunden, wirtschaftliches Wachstum und Vergrößerung des Kapitals traten in den Vordergrund.

Mit diesen Veränderungen beginnt die Geschichte des modernen Arbeitsbegriffes. Der Begriff löst sich von seiner Verknüpfung mit Armut und Arbeit wird zu einer spezifisch menschlichen Potenz, die gewinnbringend genutzt werden kann.

Eine spezifisch
menschliche Potenz

In den entstehenden Fabriken oder Produktionsstätten ging es nun darum, die Arbeit durch Arbeitsteilung effektiver zu gestalten. Die Steigerung der Produktivität wurde dabei als Weg zum Glück für alle betrachtet.

Ideologisch wurde Arbeit aber nicht nur als Mittel zur Produktionssteigerung betrachtet, sondern auch als Mittel zur Bedürfnisbefriedigung. Die technologische Entwicklung sollte die Bedürfnisbefriedigung erleichtern, dem Menschen mehr Freiheit ermöglichen sowie zur Erfüllung von Glück für alle beitragen.

Mit zunehmender Intensivierung der Arbeit (z. B. mussten Maschinen in den Fabriken, damit sie optimalen Gewinn erwirtschaften, 24 Stunden am Tage bedient werden) ergab sich ein Problem, mit dem auch die heutige Arbeitspsychologie befasst ist: Auf der einen Seite stehen die Steigerung der Effizienz und damit einhergehend Arbeitsteilung, Spezialisierung und dadurch resultierende unvollständige Arbeitsaufgaben, auf der anderen Seite steht die Vorstellung vom menschlichen Bestreben, Erfüllung in seiner Tätigkeit zu erlangen. Unter dem Blickwinkel des menschlichen Bestrebens, Erfüllung in seiner Tätigkeit zu erlangen, war die Arbeit in den Fabriken im Zeitalter der Industrialisierung sinnentleert und führte zur Entfremdung des Menschen.

Es zeichnen sich wieder die zwei Gesichter der Arbeit ab: Mühsal auf der einen Seite (nun nicht mehr ausschließlich mit körperlicher Anstrengung verbunden) und Lebenserfüllung auf der anderen Seite. Dass sich anhand von Arbeit gesellschaftliche Konflikte entfachten und entfachen, ist also kein Wunder.

Zusammenfassend kann man sagen, dass das uralte Problem vom „Segen" oder „Fluch" der Arbeit, von der „Selbstverwirklichung" oder „Selbstentfremdung" der Arbeit fortwirkt (Conze, 2004, S. 215) und man bei der Auseinandersetzung mit Arbeit immer zwei Seiten einer Medaille betrachten muss.

„Fluch" oder „Segen"?

Aufgabe

Arbeit hat zwei Gesichter – ist Fluch und Segen zugleich. Wenn Sie die eingangs gestellte Frage (Arbeiten Sie, während Sie dieses Kapitel lesen?) mit Ja beantwortet haben, überlegen Sie, inwiefern beide Seiten der Arbeit eine Rolle bei Ihrer Antwort gespielt haben? Ist das Lesen nur Plage oder auch Freude? Wenn Sie mit Nein geantwortet haben, versuchen Sie auch hier Ihre Antwort zu begründen.

Wir haben gelernt, dass es sich bei Arbeit um einen Begriff handelt, den man von zwei Seiten betrachten kann. Nachfolgend wird es darum gehen, anhand welcher Kriterien wir versuchen können, zwischen Arbeit auf der einen Seite und „Nichtarbeit" auf der anderen Seite zu unterscheiden.

1.2.2   Bezahlung als Definitionskriterium von Arbeit?

Wenn Sie die Frage, ob Sie arbeiten, während Sie dieses Kapitel lesen, mit Ja beantwortet haben, dann werden Sie sicherlich Einwände gegen Bezahlung als Definitionskriterium haben, schließlich werden Sie für das Lesen dieses Kapitels nicht bezahlt.

Ist also Bezahlung ein sinnvolles Kriterium, um zwischen Arbeit und „Nichtarbeit" zu unterscheiden? Zur Beantwortung dieser Frage, macht es Sinn, sich die Konsequenzen eines solchen Kriteriums vor Augen zu führen:

Dritt-Personen-Kriterium

Unbezahlte Arbeit lässt sich gegenüber Freizeitaktivitäten mit Hilfe des sogenannten Dritt-Personen-Kriteriums abgrenzen. Dieses Kriterium besagt, dass unter unbezahlte Arbeit diejenigen Tätigkeiten fallen, die auch von Dritten gegen Bezahlung übernommen werden könnten. Diese Tätigkeiten sind oftmals Tätigkeiten in der Haushaltsführung, Pflege und Betreuung, ehrenamtliche Tätigkeiten und informelle Hilfen (vgl. Schäfer, 2004, S. 249 f.).

Unbezahlte Arbeitsstunden

Aus der Zeitbudgetstudie 2001/2002 (Statistisches Bundesamt, 2003) geht hervor, dass die Anzahl der wöchentlich geleisteten unbezahlten Arbeitsstunden die Anzahl der bezahlten Arbeitsstunden weit übersteigt.

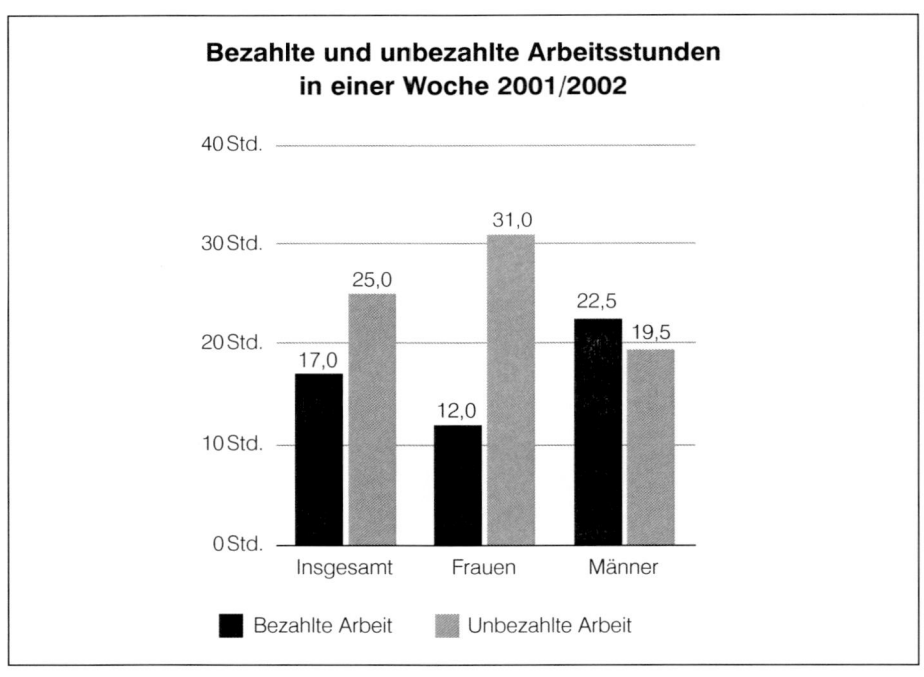

Abbildung 1: Bezahlte und unbezahlte Arbeitsstunden in einer Woche (Statistisches Bundesamt, 2003, S. 9)

Die Zahlen in Abbildung 1 muten zunächst sehr befremdlich an, arbeiten wir im Schnitt doch ca. 40 Stunden die Woche. In die Erhebung gingen aber alle Personen ab 10 Jahren ein.

25 Stunden werden pro Woche mit unbezahlter Tätigkeit verbracht, wogegen nur 17 Stunden mit bezahlter Tätigkeit verbracht werden. Deutlich wird durch diese Ergebnisse, dass ein erheblicher Teil der geleisteten Arbeit unbezahlt ist. Ohne diese Arbeit würde unsere Gesellschaft nicht funktionieren. Würde man demnach Bezahlung als Kriterium für die Definition von Arbeit verwenden, würde dies einen Großteil der gesellschaftlichen Leistung ausklammern. Für die Arbeitspsychologie ist es aber von großer Bedeutung, diesen Teil der Arbeit mit einzubeziehen, um Folgen, die auf die Arbeit zurückzuführen sind, abschätzen zu können. Wird dieser Teil der Arbeit ausgeklammert, wird vernachlässigt, dass auch unbezahlte Arbeit Belastungen verursacht. Eine Trennung zwischen Arbeit und Nichtarbeit aufgrund von Bezahlung macht unter diesen Umständen wenig Sinn.

Bezahlung als Definitionskriterium unzureichend

In der Arbeitspsychologie wird vielmehr zwischen Erwerbs- und Reproduktionsarbeit unterschieden. Für Erwerbsarbeit wird man bezahlt, sie hilft den Lebensunterhalt zu finanzieren. Unter Reproduktionsarbeit hingegen fällt die Arbeit, die notwendig ist, um die Arbeitskraft zu erhalten (Resch, 1999). Der Begriff wird nicht nur verengt auf Tätigkeiten wie waschen, putzen oder einkaufen angewendet, sondern z. B. auch auf Kindererziehung, weil diese hilft, die zukünftige gesellschaftliche Arbeitskraft zu erhalten.

Erwerbs- und Reproduktionsarbeit

Noch ein weiteres Problem wird bei der Betrachtung der Abbildung 1 deutlich: Frauen leisten viel mehr unbezahlte Arbeit (31 Stunden pro Woche) als Männer (19,5 Stunden pro Woche), wogegen Männer häufig mehr bezahlte Arbeit leisten (22,5 Stunden pro Woche vs. 12 Stunden pro Woche bei Frauen). Würde unbezahlte Arbeit aufgrund des Kriteriums der Bezahlung ausgeklammert, würde die stärkere Belastung von Frauen durch Tätigkeiten außerhalb der Erwerbsarbeit vernachlässigt, was zu falschen Schlüssen führen würde.

Unbezahlte Arbeit bei Frauen

Gründe, unbezahlte Arbeit ebenfalls zu betrachten

1. Unbezahlte Arbeit hat trotz ihrer geringen gesellschaftlichen Beachtung eine große quantitative Bedeutung.
2. Auch von unbezahlter Arbeit ist eine Auswirkung auf den Menschen erwartbar.
3. Die Nichtberücksichtigung unbezahlter Arbeit diskriminiert Frauen.

1.2.3 Definitionskriterien der Arbeit

Wenn wir das Spezifische der Arbeit herausarbeiten und nicht nur in den alltäglichen Assoziationen von Arbeit verhaftet bleiben möchten, dann stellt sich die Frage: Was unterscheidet Arbeit von anderen Tätigkeiten?

Der Allgemeinpsychologe Rubinstein (1977) hat drei Arten von Tätigkeiten unterschieden:

Unterschied: Arbeit
und Tätigkeit

1. Arbeit,
2. Spiel,
3. Lernen.

Die wesentlichen Charakteristiken der Arbeit sind, dass es sich um eine bewusste und zielgerichtete Tätigkeit handelt. Was genau darunter zu verstehen ist, verdeutlicht ein Zitat von Karl Marx:

> Eine Spinne verrichtet Operationen, die denen des Webers ähneln, und eine Biene beschämt durch den Bau ihrer Wachszellen manchen menschlichen Baumeister. Was aber von vornherein den schlechtesten Baumeister vor der besten Biene auszeichnet, ist, daß er die Zelle in seinem Kopf gebaut hat, bevor er sie in Wachs baut. Am Ende des Arbeitsprozesses kommt ein Resultat heraus, das beim Beginn desselben schon in der Vorstellung des Arbeiters, also schon ideell, vorhanden war. (zitiert nach Volpert, 1974b, S. 18)

Menschliches Arbeitshandeln ist nicht durch genetisch angelegte Programme geleitet (wie z. B. bei der Biene oder Spinne), sondern resultiert aus der Bildung eines Ziels und der bewussten Ausrichtung der Handlung auf dieses Ziel.

Das Spiel dagegen muss nicht auf einen praktischen Nutzen ausgerichtet sein. Die Motivation des Spiels liegt nicht per se in der Zweckerfüllung, sondern in dem Erleben der Wirklichkeit. Flapsig könnte man formulieren: Der Weg ist das Ziel. Das Spiel ist also anders motiviert als die Arbeit.

Rubinstein sieht Lernen als eine besondere Form produktiver Tätigkeit an, bei der die Optimierung der Vorgehensweise und nicht das Erreichen eines Endziels im Vordergrund steht. Demnach ist das Lesen dieses Fernlehrbriefes Arbeit, aber eine Arbeit, bei der es darum geht, eine Verbesserung der Vorgehensweise zu erreichen.

Definitionsbestand-
teile von Arbeit

Das Zitat von Karl Marx verdeutlicht zwei wesentliche Elemente in der Definition von Arbeit: Zielgerichtetheit und Bewusstheit. Das dritte Element, das häufig bei der Definition von Arbeit genannt wird, haben wir bereits besprochen: Bezahlung. Dieses Element macht jedoch aus arbeitspsychologischer Perspektive wenig Sinn, wie bereits dargestellt wurde (vgl. Kapitel 1.2.2).

Ein weiteres Element, das bei der Definition von Arbeit zu berücksichtigen ist: Arbeit schafft Gebrauchswert. Dies ist leicht nachzuvollziehen: Durch Arbeit entstehen zumeist Gegenstände, die man gebrauchen kann: z. B. eine Tasse, ein Mantel oder ein Butterbrot. Gebrauchswert ist aber nicht allein an solchen Gegenständen festzumachen; so schafft auch die Arbeit der Wissenschaftlerin Gebrauchswert, da die Erkenntnisse nützlich für die Gesellschaft sind, oder eine Altenpflegerin schafft Gebrauchswert, weil sie mit ihrer Arbeitskraft Gesundheit aufrechterhält.

Des Weiteren sollte bei einer Definition von Arbeit berücksichtigt werden, dass Arbeit gesellschaftlich determiniert und organisiert ist. Dies drückt sich darin aus, dass die Art und Weise, wie ich meine Arbeit verrichte, abhängt von dem gesellschaftlichen Kontext, in dem ich meine Arbeit verrichte. Zum Beispiel beeinflusst der technologische Stand, ob Sie Ihre Seminararbeiten handschriftlich, mit der Schreibmaschine oder mit dem Computer anfertigen. Wenn Sie sich die weiter oben beschriebene geschichtliche Entwicklung des Begriffes „Arbeit" wieder ins Gedächtnis rufen, so ist Ihnen in Erinnerung, dass sich die Bedeutung des Arbeitsbegriffes im Laufe der Zeit stark gewandelt hat. Es ist direkt abzulesen, dass gesellschaftliche Veränderungen, also der gesellschaftliche Kontext, Auswirkungen auf die Bedeutung der Arbeit und die Möglichkeiten zu arbeiten gehabt haben. Dieser Einfluss ist auch weiterhin aktuell, z. B. durch die Weiterentwicklung von Technologien, die die virtuelle Kooperation erleichtern. Daher werden sich auch in Zukunft die Bedeutung des Arbeitsbegriffs und die Möglichkeiten zu arbeiten weiter verändern. Als Beispiel kann auf die Zunahme von atypischen Beschäftigungsverhältnissen verwiesen werden.

Vier Definitionskriterien von Arbeit

1. Arbeit ist zielgerichtet
2. Arbeit ist bewusst
3. Arbeit schafft Gebrauchswert
4. Arbeit ist gesellschaftlich determiniert.

Aufgabe

Inwieweit treffen die vier Definitionskriterien der Arbeit auf die eingangs gestellte Frage zu?

1.3 Entstehung des Fachs Arbeitspsychologie

Die Arbeits- und Organisationspsychologie wird immer wieder mit dem Namen Taylor (1856–1915) verbunden, obwohl Taylor die Psychologie bei seinen Arbeiten gerade vernachlässigt hat. Dies liegt im Wesentlichen daran, dass Taylors Arbeit weitreichende Konsequenzen für die Arbeitswelt hatte und noch heute hat. Taylor war kein Psychologe, sondern Ingenieur. Grundlage für seine Überlegungen ist das Menschenbild des „economic man" (Ulich, 2005, S. 7). Was sich genau hinter diesem Begriff verbirgt, wird im zweiten Kapitel dieses Fernlehrbriefes beschrieben. Hier nur so viel: Taylor ging davon aus, dass der Mensch faul ist, sich vor der Arbeit drückt und durch monetäre Anreize zur Arbeit motiviert werden sollte. Der zweite Aspekt, der Taylors Überlegungen zugrunde liegt, ist, dass

Taylorismus

Menschen dieselbe Arbeit auf ganz unterschiedliche Weise erledigen (vgl. Taylor, 1911). Die Technologie war damals noch nicht so weit fortgeschritten, dass allein durch sie jeder Handgriff vorgeschrieben war. Vielmehr konnte es durchaus dazu kommen, dass ein Arbeiter einen Hammer und ein anderer Arbeiter für dieselbe Tätigkeit ein Brecheisen benutzte. Im Mittelpunkt von Taylors Überlegungen steht die Annahme, dass es für jede Tätigkeit einen optimalen Weg gibt, sie auszuführen, der „one best way". Taylor interessierte sich dafür, wie eine Arbeitsaufgabe ohne jede Energieverschwendung ausgeführt werden konnte. Überflüssige Bewegungen sah er dabei als unwirtschaftlich an.

Der Ansatz Taylors wird wissenschaftliche Betriebsführung („scientific management") genannt, also eine Organisation der Arbeit nach wissenschaftlichen Erkenntnissen. Sowohl Arbeitgeber als auch Arbeitnehmer sollten davon profitieren: Für den Arbeitgeber sollten die Leistungen der Arbeitnehmer verbessert werden; Arbeitnehmer, die mehr als andere leisten, sollten einen höheren „gerechten" Lohn erhalten. Gewerkschaften wären demzufolge überflüssig, da man von einem „herzlichen Einvernehmen" zwischen Arbeitgebern und Arbeitnehmern ausgehen kann. Die wesentlichen Grundlagen (nach Greif, 2007, S. 26) werden im nachfolgenden Kasten genannt.

Grundlagen der wissenschaftlichen Betriebsführung

- Zergliederung der Arbeitsaufgabe in einzelne Elemente
- Auswahl und Schulung der bestgeeigneten Arbeitskräfte
- Trennung von Hand- und Kopfarbeit
- „Herzliches Einvernehmen" zwischen Arbeitgebern und Arbeitnehmern (s. oben)

Zusammenfassend kann man sagen, dass Taylors Arbeit auf konsequent angewendeter Arbeitsteilung basiert, die auf den Erkenntnissen empirischer Beobachtungen beruht (Wiendieck, 1999).

Fordismus

Die wissenschaftliche Betriebsführung war in Sachen Effizienzsteigerung durchaus erfolgreich (Muchinsky, 2006). Mit Taylor begann also die Verwendung von wissenschaftlichen Erkenntnissen in der Arbeitswelt. In besonderer Weise übernahm Henry Ford (1863–1947) die Erkenntnisse der wissenschaftlichen Betriebsführung. In den Ford-Werken wurden die Produkte typisiert, es gab bereits Fließbandproduktion und es wurden Eignungsuntersuchungen durchgeführt. Die serienmäßige Produktion von Autos und die damit zusammenhängende Arbeitsteilung wurden bei Ford dermaßen perfektioniert, dass man auch von „Fordismus" spricht.

Berater für die ökonomische Betriebsführung hatten Hochkonjunktur. Ein Beispiel hierfür ist das Ehepaar Gilbreth, die detaillierte Bewegungsstudien durchführten, um vorgefundene Arbeitsabläufe zu optimieren (F. B. Gilbreth, 1911; L. M. Gilbreth, 1914; ein Video von den Gilbreths über die Vereinfachung des Mauerns einer Wand findet sich unter: http://www. youtube.com/watch?v=dVKTX_Sbwzw). Auch auf das Alltagsleben der Familie mit zwölf Kindern versuchte das Ehepaar die Prinzipien der wissenschaftlichen Betriebsführung anzuwenden. Zwei der Kinder, Ernestine und Frank, beschreiben im Buch „Im Dutzend billiger" (Gilbreth & Gilbreth Carey, 1950) ihre Erfahrungen damit. In den Berichten wird auch deutlich, dass bei diesen Optimierungsversuchen so einiges schiefgehen kann:

> Ja – zu Hause oder im Geschäft: immer war Paps Fachmann für Leistungssteigerung. Er knöpfte seine Weste von unten nach oben und nicht von oben nach unten zu, weil das Verfahren von unten nach oben nur drei Sekunden in Anspruch nahm, von oben nach unten dagegen sieben. Er benutzte sogar zum Einseifen des Gesichts zwei Rasierpinsel, weil er auf diese Weise die Rasierzeit um siebzehn Sekunden verkürzen konnte. Eine Zeitlang versuchte er, sich mit zwei Messern zu rasieren, aber das gab er bald auf: „Ich kann vierundzwanzig Sekunden einsparen", brummte er, „aber heute morgen hab' ich zwei Minuten gebraucht, um mir den Hals zu verbinden." Dabei ärgerte er sich keineswegs über den Schnitt in seinem Hals, sondern nur über die zwei Minuten (Gilbreth & Gilbreth Carey, 1950, S. 9 f.).

Die Geschichte der Psychologie in Deutschland und der Psychologie überhaupt wird immer mit dem Namen Wilhelm Wundt (1832–1920) verbunden (Landy, 1997). 1879/1880 gründete Wundt das erste psychologische Institut in Leipzig. Wundt ging von der damals stark umstrittenen These aus, dass das Psychische messbar ist (Guthke, 1996). In seinem Buch „Grundzüge der physiologischen Psychologie" (1874) trug Wundt viele Forschungsergebnisse zusammen, die die Grundlage der angewandten Psychologie werden sollten, z. B. Ergebnisse zu Fragen der Ermüdung oder der motorischen Geschicklichkeit. Wundt selbst ist nun nicht als Arbeitspsychologe anzusehen, allerdings könnte man einen Schüler Wundts als ersten Arbeits- und Organisationspsychologen bezeichnen: Hugo Münsterberg (1863–1917). Münsterberg selbst sprach von „wirtschaftstechnischen Psychologen". Münsterberg entwickelte auf Grundlage der Differentiellen Psychologie eine Psychotechnik (also eine angewandte Psychologie) für die Wirtschaft. Sein Interesse lag hierbei in der Anwendung von psychologischen Methoden auf Probleme der Industrie (Muchinsky, 2006). Die Objektpsychotechnik beschäftigte sich mit Fragen der Arbeitsgestaltung: Wie sind Arbeitsmittel und Arbeitsbedingungen zu gestalten? Die Subjektpsychotechnik ging Fragen der Anpassung des Menschen an die Arbeit nach: Wer ist für welche Tätigkeit am besten geeignet? Damit sind bereits zwei Kerndisziplinen der Arbeitspsychologie angesprochen: Gestaltung der Arbeit und Eignungsfeststellung.

Durch die fortschreitende Industrialisierung stieg der Bedarf an Auslese geeigneter Arbeiter und Trainings für neu entstehende Arbeitsaufgaben. Die zentrale Stellung der Maschinen im Produktionsprozess rückte Fragen der Ermüdung in den Mittelpunkt des Interesses. Maschinen können 24

Wilhelm Wundt

Psychotechnik-
Hugo Münsterberg

Stunden lang produzieren, aber wie lange ist der Mensch in der Lage, die Maschine fehlerfrei zu bedienen? Dies war nicht nur eine Frage der Produktionssteigerung, sondern auch der Arbeitssicherheit, da Fehlbedienung leicht zu tödlichen Unfällen führen kann. Weitere Fragen an die angewandte Psychologie waren z. B., welche maximale Fingergeschicklichkeit ein Mensch erreichen kann und somit, welche maximale Schnelligkeit beim Morsen erreichbar ist.

Einen Einblick, mit welchen Fragen sich die frühe Arbeitspsychologie auseinandergesetzt hat, gibt Abbildung 2.

Emil Kraepelin

Emil Kraepelin (1856–1926), der eigentlich als Psychiater tätig war, nutzte Wundts experimentelle Vorgehensweisen, um Antworten auf praktische Fragen zu gewinnen. Zum Beispiel nutzte er Serien von Additionsaufgaben als Arbeitsprobe (Lück, 2004). Auf diese Weise gelang es Kraepelin, typische Arbeitsverläufe festzustellen (z. B. Eingewöhnung, Übung, Ermüdung), die er Arbeitskurve nannte (Kraepelin, 1902). Bereits 1896 schrieb Kraepelin in seinem Buch „Zur Hygiene der Arbeit":

> Jede Arbeit ist mit der Überwindung von Hindernissen und Schwierigkeiten verknüpft; sie führt zur Ermüdung, zum Gefühl der Schwäche und Mattigkeit, und zerstört damit das frische Behagen am Dasein. Sie verbraucht unsere Kräfte, zehrt an Körper und Geist und kann uns dem Siechtum in die Arme treiben. Zudem fordert sie von uns die wertvollste Zeit unseres Lebens (…). Ein Doppelantlitz ist es demnach, welches die Arbeit trägt. Fluch und Segen liegt in ihr beschlossen. An uns ist es, der Arbeit ihren Stachel zu nehmen, sie so zu gestalten, dass wir uns ihrer Segnungen freuen können, ohne Leid und Not des Lebens zu mehren (…) Es wird möglich sein, zu prüfen, unter welchen Verhältnissen Menge und Wert der Arbeitsleistung sich am günstigsten gestalten, namentlich aber auch, welche Umstände eine Herabsetzung der Leistungsfähigkeit, eine Schädigung der Arbeitskraft herbeizuführen geeignet sind (S. 5 u. 7).

Einfluss des Ersten Weltkriegs

Army Alpha und Army Beta

Einen wichtigen Einfluss auf die Entwicklung und die Anerkennung der Arbeitspsychologie hatte der Erste Weltkrieg. Der Bedarf an Eignungsdiagnostik stieg, und der Psychologe und APA-Präsident Robert Yerkes (1876–1956) entwickelte auf Grundlage einer Reihe von generellen Intelligenztests zwei eignungsdiagnostische Instrumente: Army Alpha und Army Beta. Army Alpha war ein Intelligenztest für Rekruten mit dem Ziel, diese passenden Einsatzbereichen zuzuteilen. Für Analphabeten wurde der Test Army Beta konzipiert, da ca. 30 % der Rekruten nicht lesen und schreiben konnten. Ein anderer amerikanischer Psychologe, Walter Dill Scott (1869–1955), beschäftigte sich mit Anforderungsprofilen für verschiedene Aufgaben innerhalb des Militärs (Muchinsky, 2006). Es ging darum, den richtigen Mann an den richtigen Platz zu bringen. Dieser musste dann möglichst schnell und effektiv geschult werden.

In die Zeit des Ersten Weltkrieges fällt auch der Start der ältesten und am meisten beachteten Zeitschrift der Arbeitspsychologie: Ab 1917 wurde das Journal of Applied Psychology herausgegeben.

I. Vorfragen

1. Angewandte Psychologie
2. Forderungen des praktischen Lebens
3. Psychologie und Nationalökonomie
4. Zwei Arten der Anwendung
5. Mittel und Ziele
6. Einteilung der angewandten Psychologie

II. Die Auslese der geeigneten Persönlichkeiten

7. Wirtschaftsberuf und Geeignetheit
8. Wissenschaftliche Beratung bei der Berufsauswahl
9. Wissenschaftliche Betriebsleitung
10. Experimentelle Methoden
11. Experimente mit Wagenführern der elektrischen Straßenbahn
12. Versuche im Interesse des Schiffsdienstes
13. Versuche mit Telephonistinnen
14. Stichprobenversuche
15. Material aus den Kreisen der Industrie
16. Gruppenpsychologische Erfahrungen

III. Die Gewinnung der bestmöglichen Leistungen

17. Einüben und Lernen
18. Anpassung der Technik an die psychischen Bedingungen
19. Bewegungsersparnis
20. Experimente zum Problem der Monotonie
21. Störungen der Aufmerksamkeit
22. Ermüdung
23. Physische und soziale Einflüsse auf die Leistungsfähigkeit

IV. Die Erzielung der erstrebten psychischen Wirkungen

24. Befriedigung wirtschaftlicher Bedürfnisse
25. Experimente über die Wirkung von Anzeigen
26. Wirkung der Werbemittel
27. Experimente zur Feststellung unerlaubter Nachahmungen
28. Kaufen und Verkaufen
29. Zukunftsentwicklung der Wirtschaftspsychologie

Anmerkungen

Abbildung 2: Inhaltsverzeichnis des Buches „Psychologie und Wirtschaftsleben"
(Münsterberg, 1916)

Zur Zeit des Nationalsozialismus in Deutschland muss die Entwicklung der Psychologie zweifach betrachtet werden: (1) hinsichtlich des Verlustes von Wissenschaftlerinnen, die durch das NS-Regime aus ihren Ämtern vertrieben wurden (z. B. mussten William Stern und Kurt Lewin emigrieren; Martha Muchow, eine Mitarbeiterin von Stern, erhielt 1933 die Kündigung), und (2) im Hinblick auf eine Förderung durch Institutionalisierung (z. B. steigende Anzahl an Lehrstühlen und Studentenzahlen, vgl. zu dieser Thematik auch Geuter, 1984; Graumann, 1985). Der zweite Aspekt der

Psychologie und Nationalsozialismus

Betrachtungsweise verdeutlicht, dass sich Fachvertreterinnen zum Nationalsozialismus bekannt haben und die gesellschaftliche Aufgabenstellung und Ordnung des Nationalsozialismus für die Psychologie und die Psychotechnik übernommen haben (Greif, 2007). Treffend schreibt Greif: „Mit dem widerstandslosen Hinnehmen dieser Machtpolitik (Vertreibung von Juden und Andersdenkenden aus den Ämtern d. R.) hat die deutsche Angewandte Psychologie ihre Glaubwürdigkeit als unabhängige und sozial engagierte Wissensdisziplin verloren …" (Greif, 2007, S. 43).

Orientierung am männlichen Lebensmodell

Betrachtet man die geschichtliche Entwicklung der Arbeitspsychologie rückblickend, so fällt auch auf, dass Frauen als Forscherinnen und auch als Gegenstand der Forschung wenig beachtet wurden (eine Ausnahme bilden hier Lillian M. Gilbreth und Franziska Baumgarten). Man kann sagen, dass bis vor ca. zwei Jahrzehnten die Geschichte der Arbeitspsychologie eine Geschichte von männlicher Industriearbeitern, geschrieben von fast ausschließlich männlichen Arbeitspsychologen, gewesen ist. Meistens hat es dabei keine Rolle gespielt, dass es sich bei den untersuchten Arbeitern auch häufig um Arbeiterinnen handelte, die gemeinhin eine viel höhere Gesamtbelastung und in der Regel das niedrigste Qualifikationsniveau hatten.

1.4   Was ist Gegenstand der Arbeitspsychologie?

Moralisches Dilemma der Arbeitspsychologie

Ein wichtiger Aspekt, mit dem Arbeitspsychologinnen im betrieblichen Kontext konfrontiert sind, ist der moralische Aspekt der Zielsetzung. Münsterberg z. B. sprach die Psychotechnik von der Verantwortlichkeit für die Ziele frei: „Welches Ziel das bessere ist, die Heranziehung tüchtiger und arbeitsfreudiger Arbeitskräfte oder die Gewinnung billiger Arbeiter, geht den wirtschaftstechnischen Psychologen nichts an. (…) Die Auswahl zwischen den Zielen aber überlässt er denen, die im praktischen Leben stehen " (Münsterberg, 1997, S. 22). Dies ist nun sicherlich keine unproblematische Haltung. Auf Ihrem Weg zur Arbeitspsychologin ist es wichtig, dass Sie sich mit diesem moralischen Dilemma auseinandersetzen (vgl. weiterführend auch Volpert, 1974a, S. 23 ff.).

Definition arbeitspsychologischer Tätigkeit

„Die Hauptaufgaben arbeitspsychologischer Tätigkeit sind: Analyse, Bewertung und Gestaltung von Arbeitstätigkeiten und Arbeitssystemen nach definierten Humankriterien" (Ulich, 2005, S. 2).

Besonders interessant an dieser Definition arbeitspsychologischer Tätigkeit ist der Nachsatz: „nach definierten Humankriterien". Es stellen sich sofort zwei Fragen: Wer definiert hier, und was bedeutet human?

Human bedeutet zunächst nichts anderes als „menschlich". Im Mittelpunkt arbeitspsychologischen Handelns steht also der Mensch. Das ist nicht trivial, sondern hat ganz entscheidende Auswirkungen. Es könnte ja auch Effizienz, Kosteneinsparung oder Gewinn im Mittelpunkt stehen. Die genannten Aspekte sind nicht irrelevant, vielmehr strebt jeder Betrieb nach Effizienz und Gewinn (es sei denn, es handelt sich um eine Non-Profit-Organisation). Die Aufgabe der Geschäftsleitung ist es, für diese wesentlichen Parameter wirtschaftlichen Handelns Sorge zu tragen. Die Psychologie agiert im Auftrag der Geschäftsleitung, d. h. auch Arbeitspsychologinnen sind nicht unabhängig von diesem Auftrag. Allerdings ist die Psychologie von der Betriebswirtschaftslehre dadurch zu unterscheiden, dass der Mensch im Mittelpunkt des Handelns steht und nicht die betriebswirtschaftlichen Zahlen. Durch Psychologinnen holen sich Betriebe einen anderen Blickwinkel in die Organisation. Auch wenn es darum geht, dass der arbeitende Mensch einen möglichst optimalen Beitrag zum Gewinn beisteuern soll, so interessiert doch die Psychologie nicht primär der Beitrag, sondern der Mensch!

Im Mittelpunkt steht der Mensch

Was sind Humankriterien? Im nachfolgenden Kasten sind einige Beispiele dafür aufgelistet, was nicht human ist.

Was ist nicht human?

- Da man weiß, dass der Spracherwerb in der sozialen Gemeinschaft stattfindet, wird es als inhuman betrachtet, Kinder in Isolation aufwachsen zu lassen.
- Da man weiß, dass der Mensch das Tageslicht zur Entwicklung benötigt, wird andauerndes Untertageleben und -arbeiten als inhuman betrachtet.
- Da man weiß, dass intensiver Lärm zu Gehörschaden führt, gibt es Grenzwerte für die maximal zulässigen Geräuschpegel bei der Arbeit.

Präziser ausgedrückt kann man sagen, dass das Wissen darüber, wie der Mensch sich entwickelt und funktioniert (Wahrnehmung, Denken, Problemlösen, Erinnern usw.), bestimmt, was human ist. Daraus ergibt sich die große Verantwortung der Psychologie, die sie auch im Kontext der Wirtschaft zu tragen hat: Psychologinnen sind diejenigen mit dem Wissen über die Psyche des Menschen und damit diejenigen, die Wissen darüber vermitteln müssen, was human ist, auch jenseits medizinischer Kriterien! Je fundierter das Wissen der Arbeitspsychologin, die im Betrieb zu Rate gezogen wird, ist, desto leichter fällt es ihr, sich für humane Arbeitsbedingungen einzusetzen.

Wissen bestimmt, was human ist

Weiter oben hatten wir bereits von dem Bestreben der Unternehmen gesprochen, effizient und gewinnorientiert zu arbeiten. Es ist keineswegs so, dass Effizienzkriterien und humane Arbeitsbedingungen kollidieren müssen. Zumeist werden Arbeitspsychologinnen ja gerade dann gerufen,

Humane und gleichzeitig effiziente Arbeit

wenn ein Effizienzproblem besteht. Dieses Problem ist dann so geartet, dass es durch technische Veränderungen nicht zu bewältigen ist.

Was nun als human betrachtet wird, ist nicht nur eine Frage des Wissens, sondern auch ein Prozess der gesellschaftlichen Auseinandersetzung. Man denke z. B. an die verschiedenen Regelungen bezüglich Standardarbeitszeit und Überstunden in Ländern der Europäischen Union. Hier gibt es eine Spannbreite von Schwellenwerten, die den Beginn von Überstunden kennzeichnen, zwischen 35 Stunden pro Woche (Frankreich) und 44 Stunden pro Woche (Portugal; vgl. Freyssinet & Michon, 2003). Als Arbeitspsychologin sollten Sie selbstbewusst zu Ihren Fähigkeiten stehen und sich in der Auseinandersetzung behaupten. Konzentrieren Sie sich in Ihrem Studium nicht nur auf die Fakten, sondern bemühen Sie sich, die Fakten beurteilen zu lernen, und reflektieren Sie. Seien Sie sich der Verantwortung bewusst und entwickeln Sie sich, um verantwortlich handeln zu können. Vor allem sollten Sie Ihre Arbeit gegenüber Wirtschaftlichkeitsüberlegungen im Konfliktfall verteidigen können.

1.5   Chancen auf dem Arbeitsmarkt

Chancen auf dem Arbeitsmarkt

Von der Bundesagentur für Arbeit werden gerade für Arbeitspsychologinnen steigende Beschäftigungsmöglichkeiten vorhergesagt:

> Die fortschreitenden wirtschaftlichen und arbeitsorganisatorischen Veränderungen – zum Beispiel durch Unternehmensfusionen oder neue Managementmethoden – stellen für Mitarbeiter und Führungskräfte eine große Herausforderung dar. Daraus ergeben sich für Psychologen neue Arbeitsfelder, etwa in der Beratung von internationalen Teams, im „Change-Management", der Begleitung von Veränderungsprozessen oder beim Coaching von Führungskräften. Aufgrund der sich schnell verändernden Unternehmensstrukturen und der weiteren Expansion des betrieblichen Fort- und Weiterbildungssektors kann mit einer relativ positiven Entwicklung auf diesem Teilarbeitsmarkt gerechnet werden. (Bundesagentur für Arbeit, 2007b, S. 20).

Auf der Internetseite „Berufenet" stellt die Bundesagentur für Arbeit (http://www.berufenet.arbeitsagentur.de/berufe/index.jsp) aktuelle Informationen zum Arbeitsmarkt bereit.

Zusammenfassung

In diesem Kapitel wurden die Herkunft und die Entwicklung des Begriffes Arbeit betrachtet. Es wurde dargestellt, warum Bezahlung aus arbeitspsychologischer Perspektive kein geeignetes Kriterium für Arbeit ist. Würde Bezahlung als Kriterium für Arbeit verwendet, würde dies den größeren Anteil der geleisteten, unbezahlten Arbeit ausschließen. Weiter haben wir uns mit den vier Definitionsbestandteilen von Arbeit auseinandergesetzt: Arbeit ist zielgerichtet, bewusst, schafft Gebrauchswert und ist gesellschaftlich determiniert. Die ersten wissenschaftlichen Hinwendungen zum Themenfeld der Arbeit wurden beschrieben und die darauf folgende Entstehung des Faches Arbeitspsychologie (zuerst noch Psychotechnik genannt) dargestellt. Hugo Münsterberg könnte man als ersten Arbeits- und Organisationspsychologen bezeichnen, auch wenn er sich selbst einen „wirtschaftstechnischen Psychologen" nannte. Anschließend wurde das moralische Dilemma der Arbeitspsychologie diskutiert, und Ihnen wurde Ihre Verantwortung dargestellt, die Sie als Psychologin auch im Feld der Wirtschaft tragen. Zuletzt wurde die günstige Situation für Arbeits- und Organisationspsychologinnen auf dem Arbeitsmarkt beschrieben.

Zum Schluss soll noch die eingangs gestellte Frage beantwortet werden: Haben Sie gearbeitet, indem Sie dieses Kapitel gelesen haben? Überlegen wir: War das Lesen dieses Kapitels eine Freude für Sie oder doch eher eine Plage? – Beides gehört zur Arbeit. Wurden Sie für das Lesen des Kapitels bezahlt? – Spielt das überhaupt eine Rolle? Verfolgten Sie ein Ziel mit dem Lesen dieses Kapitels (z. B. eine gute Note in der Klausur zu erreichen) – Zielgerichtetheit ist ein Merkmal von Arbeit. Haben Sie das Gefühl, dass Sie durch das Lesen dieses Kapitels Ihre Mittel (Ihr Wissen) verbessert haben, um das oben genannte Ziel zu erreichen?

Weiterführende Literatur

Conze, W. (2004). Arbeit. In O. Brunner, W. Conze & R. Koselleck (Hrsg.), *Geschichtliche Grundbegriffe. Historisches Lexikon zur politisch-sozialen Sprache in Deutschland* (Studienausgabe, 1. Aufl., S. 154–215). Stuttgart: Klett-Cotta. (Original erschienen 1972).

Lück, H. E. & Miller, R. (Hrsg.). (1999). *Illustrierte Geschichte der Psychologie.* Weinheim: Beltz.

Ulich, E. (2005). *Arbeitspsychologie* (6. Aufl., Kapitel 1, S. 7–63). Stuttgart: Schäffer-Poeschel.

Reflexionsaufgaben

1. Was ist Gegenstand der Arbeitspsychologie, und welche Folgen hat das?
2. Was verstehen Sie unter dem „moralischen Dilemma" der Arbeitspsychologinnen?
3. Welche zwei Seiten muss man bei der Auseinandersetzung mit Arbeit betrachten und warum?
4. Welche Definitionskriterien von Arbeit werden häufig verwendet?

Kapitel 2
Entwicklung der Arbeit

Gisela Mohr und Monique Janneck

Inhaltsübersicht

2.1   Einleitung

Den historischen Blickwinkel des vorangegangenen Kapitels behalten wir bei, wenn wir uns nun mit der Entwicklung der Arbeit beschäftigen. Wir befassen uns dabei insbesondere mit verschiedenen Formen der Arbeitsteilung. Sie gehen mit psychologischen Sachverhalten einher, die für die Arbeitspsychologie heute noch zentral sind. Deswegen ist es wichtig, deren Entstehungsbedingungen zu verdeutlichen.

Dabei betrachten wir als einen ganz wesentlichen Einflussfaktor die technologischen Entwicklungen und Veränderungen der Produktionsbedingungen, aber auch soziale, gesellschaftliche und politische Rahmenbedingungen.

Gerade letztere schlagen sich in grundlegenden Annahmen über das menschliche Dasein nieder. Wie solche Menschenbilder und deren Wandel im Laufe der Zeit die Gestaltung von Arbeit beeinflusst haben, ist Thema des zweiten Teils dieses Kapitels.

Zuvor jedoch möchten wir Ihnen ein Fallbeispiel vorstellen, das uns im weiteren Verlauf dieses Fernlehrbriefes begleiten wird, wenn auch nicht in jedem Kapitel: Die Arbeit des Kellners Fabian im Gastronomiebetrieb „Café Carpe Diem".

Beispiel

Fabian hat heute, am 3. Oktober, im Café Carpe Diem die Vormittagsschicht übernommen. Das Café Carpe Diem ist eine Bistro-Kette mit einem halben Dutzend Filialen in der ganzen Stadt.

Die Filiale, in der Fabian arbeitet, liegt im Stadtwald am Rande eines Tierparks. Es ist ein wunderschöner Herbsttag, und die große Außenterrasse ist geöffnet. Es hat den Anschein, als ob die halbe Stadt diesen Tag hier verbringen will.

Schon nach zwei Stunden ist Fabian schweißgebadet. Ganz hinten am Tisch sind neue Gäste, die eine Bestellung aufgeben möchten, rechts daneben soll er kassieren, und die Gäste ganz vorne meckern, weil die nächste Runde Bier noch nicht da ist. Fabian wird nervös. Er stößt ein Bierglas um. Am vierten Tisch hat er das Besteck vergessen. Der Kuli schreibt nicht, als er endlich die Bestellung aufnehmen will ... Die Gäste dort drüben haben zu allem Überfluss wohl schon ein paar Bier zu viel intus. Nur gut, dass er ein Händchen für „schwierige" Gäste hat.

Heute wünscht Fabian sich mal wieder einen ruhigen Job im Büro. Andererseits – am Schreibtisch hocken, schlechte Luft, womöglich noch Schlips und Anzug – nein, das wäre auch nichts für ihn.

Doch die Arbeitszeiten – abends, am Wochenende – die sind anstrengend. Heute wollte er eigentlich noch mit seiner kleinen Tochter in den Zoo. Das wird wohl nichts werden. Seine Frau war sowieso schon sauer, dass er am Feiertag Dienst hat. Da wird es zu Hause auch noch Stress geben.

Das kurze Beispiel berührt bereits eine Vielzahl von Themen der Arbeits- und Organisationspsychologie: Von der Entwicklung der beruflichen Interessen im Rahmen der vorberuflichen Sozialisation (habe ich beispielsweise lieber mit Menschen zu tun oder bevorzuge ich es, allein für mich zu arbeiten), der Eignung für eine bestimmte Arbeitstätigkeit (körperlich wie psychisch – Fabian muss die schweren Teller und Bierkrüge stemmen und benötigt für seinen Job eine gewisse Stressresistenz) über die Gestaltung der Arbeitsaufgabe (Fabians Tätigkeit ist abwechslungsreich – er bringt nicht nur das Essen zum Tisch, sondern nimmt auch Bestellungen auf und kassiert ab) bis hin zum Verhältnis von Arbeit, Freizeit und Familie.

Das Fallbeispiel haben wir gewählt, da Ihnen allen die Tätigkeit eines Kellners vertraut sein dürfte – entweder als Gast oder vielleicht auch aus eigener Erfahrung.

Wir werden daher Fabian und das „Café Carpe Diem" immer mal wieder beispielhaft betrachten, um zentrale Konzepte zu veranschaulichen. Versuchen Sie dabei auch selbst, Ihr neues Wissen auf die Situation von Fabian zu übertragen und den Anwendungsbezug herzustellen.

2.2   Technologieentwicklung und Merkmale der gesellschaftlichen Arbeitsteilung

In diesem Abschnitt befassen wir uns mit wesentlichen Dimensionen der Arbeitsteilung und deren Bedeutung für den Menschen aus arbeitspsychologischer Sicht.

Arbeitsteilung

Dabei werden wir Arbeitsteilung unter den folgenden Blickwinkeln betrachten.

Dimensionen der Arbeitsteilung

- Trennung von Besitz und „Bedienung"
- Trennung von Erwerbs- und Reproduktionsarbeit
- Trennung von Hand- und Kopfarbeit und Spezialisierung

Darüber hinaus werden wir zwei gesellschaftliche Aspekte von Arbeitsteilung betrachten: die Verteilung der Arbeit zwischen den **Geschlechtern** und zwischen den **Nationen**.

Technologie-
entwiclung

Eine wesentliche Grundlage der Entwicklung der Arbeitsteilung ist die Technologieentwicklung, die deswegen zunächst kurz skizziert wird.

> **Arbeitsteilung in der Frühzeit**
>
> Arbeitsteilung gab es wahrscheinlich schon sehr früh in der Menschheitsge-schichte: Die jungen Starken und Schnellen waren Jäger, schwächere und ältere Menschen waren vermutlich mit anderen Aufgaben betraut, z.B. der Verarbeitung des erjagten Wildes. Die ersten Jäger der Menschheitsge-schichte verfügten noch nicht über sonderlich viele Technologien. Nach und nach jedoch wurden die Jagdmethoden verbessert. Geräte wurden entwi-ckelt, um Tiere aus der Distanz zu erlegen oder sie zu verfolgen. Es bildete sich erstes Spezialistentum: Perscnen, die besonders erfahren im Waffenbau waren, gaben dieses Wissen an andere weiter. In der Frühzeit der Mensch-heitsgeschichte veränderten sich Technologien in einem sehr langsamen Prozess über Jahrtausende hinweg.

Exponentielle
Steigung

Heutzutage finden technologische Sprünge – also Neuerungen, die die gesamte Produktionsweise und damit auch die Arbeitssituation der Beschäftigten verändern – in immer kürzeren Zeitabständen statt (vgl. Abb. 3). Das bedeutet, dass die dafür notwendigen Anpassungs- und insbesondere Lernprozesse, die früher über mehrere Generationen hin-weg stattfinden konnten, heute innerhalb eines Arbeitslebens geleistet werden müssen, in Zukunft womöglich sogar mehrfach innerhalb einer Generation.

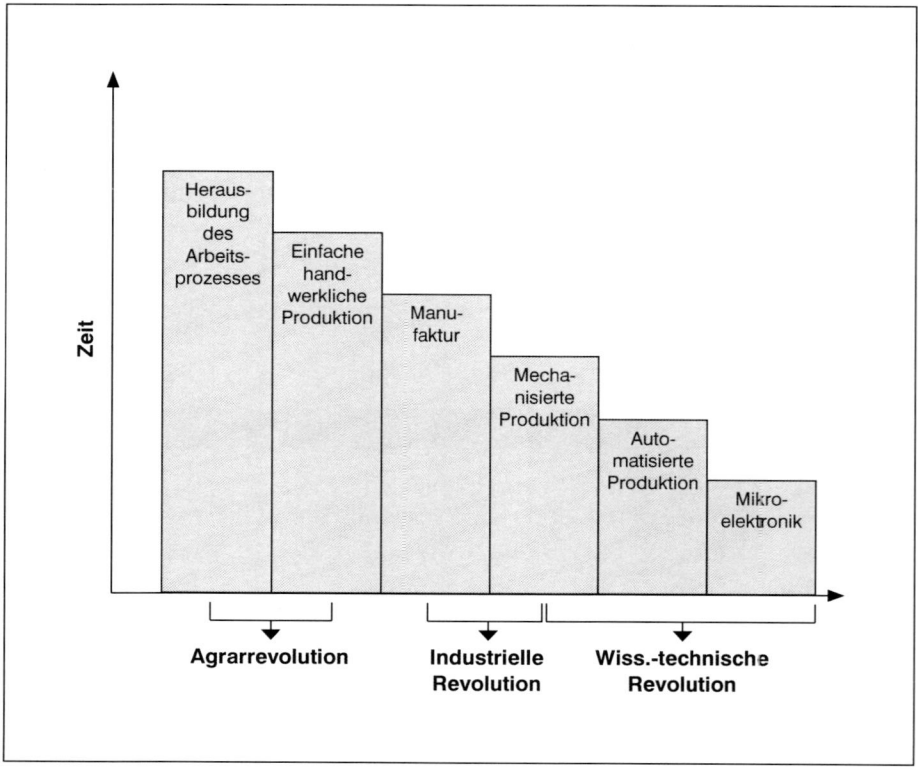

Abbildung 3: Stufen der Technikentwicklung (in Anlehnung an Timpe, 1984)

Besonders bedeutsam für die Industriegeschichte war zweifellos die Einführung der Dampfmaschinen (James Watt, 1765). In den vergangenen Dekaden hatte die rasante Entwicklung von Informationstechnologien den größten Einfluss auf die Arbeits- und Lebensbedingungen (vgl. Kapitel 2.4).

Zu Beginn der Menschheitsgeschichte war die manuelle Arbeit vorherrschend: Produziert wurde, was mit der Hand erschaffen werden konnte. Dieser Umstand hat für die unmittelbaren Arbeitsbedingungen der Menschen ganz entscheidende Folgen. „Handhabbare" Geräte sind naturgemäß kleiner – auch im Hinblick auf den Investitionsaufwand: Handwerker konnten Eigentümer ihrer Geräte sein und damit über einige grundsätzliche Dinge selbst entscheiden, nämlich: Wo sie mit den Geräten arbeiteten, wann, wie lange und – mit Einschränkungen – wie viel und mit welcher Qualität.

Handwerk

Wie würden Sie Ihre Arbeit gestalten?

- Wo würden Sie gerne arbeiten? Natürlich am liebsten gleich um die Ecke, ohne Stress auf dem Arbeitsweg. Im Mittelalter hatten Wegstrecken noch eine andere Bedeutung als heute. Also war der traditionelle Handwerksbetrieb meistens in das Wohnhaus integriert.
- Wann und wie lange würden Sie gerne arbeiten? Das ist sicherlich von Mensch zu Mensch sehr unterschiedlich – und auch Sie werden möglicherweise je nach aktueller Befindlichkeit, Arbeitsaufgabe und Rahmenbedingungen unterschiedliche Antworten finden. Viele Menschen schätzen daher eine gewisse Flexibilität der Arbeitszeiten, die auch Handwerksleute im Mittelalter kannten. Arbeitsphasen in Werkstatt, Haus, Hof, auf dem Feld und in der Familie wechselten sich ab und brachten damit auch Abwechslung: Monotonie und einseitige Dauerbeanspruchungen waren unwahrscheinlich.
- Wie viel und mit welchem Qualitätsstandard möchten Sie arbeiten? Auch diese Entscheidung liegt vollständig beim Handwerker, solange er selbst Besitzer der Werkstatt und seiner Arbeitsmittel ist. Hat er – oder sie, was auch im Mittelalter durchaus der Fall sein konnte! – keine Familie zu versorgen, steht er weniger unter finanziellem Druck und hat die Freiheit, weniger zu arbeiten.

Der Vorteil der frühen manuellen Arbeit war also, solange man die Arbeitsmittel selbst besaß, die damit verbundene Entscheidungsfreiheit. Tagelöhner und Handwerker, die nicht über eigene Arbeitsmittel verfügten, waren allerdings nicht nur ökonomisch, sondern auch psychologisch in einer völlig anderen Situation.

2.2.1 Trennung von Besitz und Bedienung

Durch die technologische Weiterentwicklung im Zeitalter der Industrialisierung wurde die Einheit von Besitz und Bedienung immer seltener. Für die

Industralisierung

großen Maschinen und Produktionsanlagen waren so hohe Investitionen notwendig, dass sich dies nur wenige leisten konnten. Die Größe der Maschinen sowie die Energie, die sie benötigten (Wasser, Kohle), machten es zudem unmöglich, Geräte wie früher in der heimischen Werkstatt zu nutzen. Damit war also vorgegeben, dass die Arbeit an einem Ort konzentriert wurde.

Die Arbeitssituation der Menschen änderte sich somit in mehrerlei Hinsicht grundlegend: Statt selbstständig über ihre Arbeitsmittel und viele Aspekte ihrer Arbeitsgestaltung zu entscheiden, „verkauften" sie nun ihre Arbeitskraft an die (kapitalkräftigen) Besitzer der Produktionsanlagen. Für die Besitzer war die Auslastung der Maschinen vermehrt von Interesse – die teuren Produktionsanlagen sollten möglichst Tag und Nacht im Betrieb sein. Entscheidungen über die Art der Nutzung und die Bedienung der Maschine lagen nicht mehr in einer Hand. Dies führte zu einer **Einschränkung der Entscheidungs-spielräume** Einschränkung der Entscheidungsspielräume der Menschen, die an den Maschinen arbeiteten (der „Maschinenbediener", eine Bezeichnung, die noch heute in Produktionsbetrieben üblich ist). Die Frage der Handlungs- und Entscheidungsspielräume wird uns noch einige Male beschäftigen.

Einschränkung der Entscheidungs-spielräume

Intensivierung von Arbeit

Die Einführung von Nacht- und Schichtarbeit zur optimalen Auslastung der Produktionsanlagen bedingte eine Intensivierung von Arbeit. Das betrifft die Arbeitsstunden: Arbeitswochen umfassten gegen Ende des 19. Jahrhunderts 6 Tage, an denen durchschnittlich 12 Stunden gearbeitet wurde, auch Sonntagsarbeit war noch weit verbreitet (Schneider, 1980). Doch auch die Arbeit selbst wurde intensiviert: Die Maschine gibt den Takt vor, dem sich der Mensch anzupassen hat. Hinwendung zu Fragen der Belastbarkeit und Ermüdung, wie sie im vorigen Kapitel dargestellt sind, wurden dadurch zu wichtigen Forschungsfeldern der angewandten Psychologie.

Anpassung des Menschen an die Technik

2.2.2   Trennung von Erwerbs- und Reproduktionsarbeit

Handwerksbetriebe waren vor dem Beginn der Industrialisierung typischerweise in den heimischen Hof eingegliedert. Dies bedeutete auch, dass Arbeit, die zusätzlich in Haus, Hof und Familie anfiel, in den Arbeitsalltag integriert werden konnte. Mit der Auslagerung der Arbeit in Fabrikhallen fiel diese – räumliche wie zeitliche – Integrationsmöglichkeit weg. Mit anderen Worten: Was wir heutzutage unter dem Schlagwort „Vereinbarkeit von Beruf und Familie" diskutieren, wurde seinerzeit schon ein Thema – durch die Trennung von Erwerbs- und Reproduktionsarbeit.

Auslagerung von Arbeit

Was ist „Reproduktionsarbeit"? Die Definition finden Sie in Kapitel 1 und auch im dritten Fernlehrbrief zum Thema „Erwerbslosigkeit" werden wir darauf zurückkommen.

2.2.3 Spezialisierung von Arbeitsprozessen

Eine weitere bis heute bedeutsame Dimension der Arbeitsteilung ist die Trennung von Hand- und Kopfarbeit und die Entwicklung von Spezialisierungen.

Ganzheitliche vs. arbeitsteilige Arbeitsprozesse

Wirtsleute im Mittelalter hatten noch einen ganzheitlichen Arbeitsprozess: Sie planten das Speiseangebot, führten auf dem Markt die Einkäufe durch, kochten und bedienten die Gäste selber. Entsprechend erfuhren sie auch direkt, ob ihre Gäste zufrieden waren. Wenn die Wirtsleute – in kleineren Gaststätten – auch das Abräumen und Abwaschen selbst erledigten, konnten sie sehen, ob die Portionen die richtige Größe hatten, was den Gästen besonders mundete oder was liegen blieb auf dem Teller.

Heutzutage dagegen sind Gastronomiebetriebe, zumindest, wenn sie die Größe eines Familienbetriebes überschritten haben, stark arbeitsteilig organisiert: Es gibt einen Besitzer, der sich um die Preiskalkulation und die Lohnkosten kümmert. Eventuell entscheidet er zumindest mit, welche Art von Gerichten angeboten wird. Der Koch plant zwar noch den Einkauf, macht ihn aber nicht unbedingt selbst. Servicekräfte wie Fabian sind nur für festgelegte Tätigkeiten wie Servieren, Kassieren, Ab- und Aufräumen etc. zuständig. Hilfskräfte dürfen unter Umständen nur abräumen, aber nicht eigenständig kassieren.

Der Arbeitsprozess ist also aufgeteilt in Planungs- und Entscheidungsaufgaben und solche, wie in unserem Fall die von Fabian, die vor allem der Ausführung dienen.

Diese Trennung hat zwei außerordentlich wichtige Folgen für die Beschäftigten:

Zum einen ist die Arbeit weniger abwechslungsreich, da es keinen Wechsel zwischen geistiger bzw. kognitiver und körperlicher Arbeit gibt. Dies begünstigt Monotonie und einseitige Belastung.

Folgen der Trennung von Hand- und Kopfarbeit

Zum anderen besagt die sogenannte „Disuse"-Hypothese (Berkowitz & Green, 1965), dass ungenutzte Fähigkeiten verkümmern bzw. sich nicht weiterentwickeln – vergleichbar einem Muskel, der durch einen Gipsverband immobilisiert wird und atrophiert. Das bedeutet: Wer nur körperliche Arbeit verrichtet, wird seine kognitiven Fähigkeiten – zumindest in der Erwerbsarbeit – nicht weiterentwickeln können. Gerade die kognitiven Fähigkeiten stellen jedoch ein zentrales Unterscheidungskriterium zwischen Mensch und Tier dar. Eine Arbeitstätigkeit, die Denken nicht erfordert, kann demnach nicht als human bewertet werden (vgl. Kapitel 1). Die Trennung von Hand- und Kopfarbeit begünstigte also die Entstehung von Arbeitsplätzen mit einseitigen Anforderungen und die Zunahme von solchen mit geringem Qualifikationsniveau.

Disuse-Hypothese

Psychologisch bedeutsame Folgen von Arbeitsteilung

- Die Beschränkung der Entscheidungsspielräume über das Was, Wie, Wann und Wo der Erwerbsarbeit
- Die Intensivierung der Arbeit durch Technologie
- Das Vereinbarkeitsproblem zwischen Erwerbsarbeit und Familie
- Dehumanisierung der Arbeit durch Reduzierung der Denkanforderungen
- Weniger abwechslungsreiche Tätigkeit durch Spezialistentum
- Die Gefahr des Verlustes oder Stillstands geistiger Fähigkeiten durch die Trennung von Hand- und Kopfarbeit
- Schaffung von Arbeitsaufgaben mit minimalen Qualifikationsanforderungen

2.2.4   Verteilung der Arbeit zwischen den Geschlechtern

Vertikale und hierarchische Segregation

Glass-Ceiling-Effect

Für alle westlichen Industriegesellschaften typisch ist, dass die Arbeit geschlechtsspezifisch verteilt ist. Es wird nicht nur ein erheblich größerer Teil der unbezahlten Arbeit von Frauen geleistet (vgl. Kapitel 1), auch innerhalb von Betrieben und Organisationen gibt es eine klare Aufgabenteilung nach Geschlecht: Je höher die betriebliche Hierarchie, desto geringer wird der Frauenanteil. Es existiert also eine vertikale (oder hierarchische) Segregation (vgl. Holst et al., 2009). In den obersten Etagen ist nach wie vor nur ein verschwindend geringer Anteil der Führungskräfte weiblich (vgl. Abb. 4). Dieses Phänomen wird als „Glass-Ceiling-Effect" bezeichnet: Frauen schaffen den Aufstieg in betrieblichen Hierarchien bis zu einer gewissen (mittleren) Ebene, stoßen dann jedoch auf eine unsichtbare – „gläserne" –, aber offenbar stark wirksame Barriere.

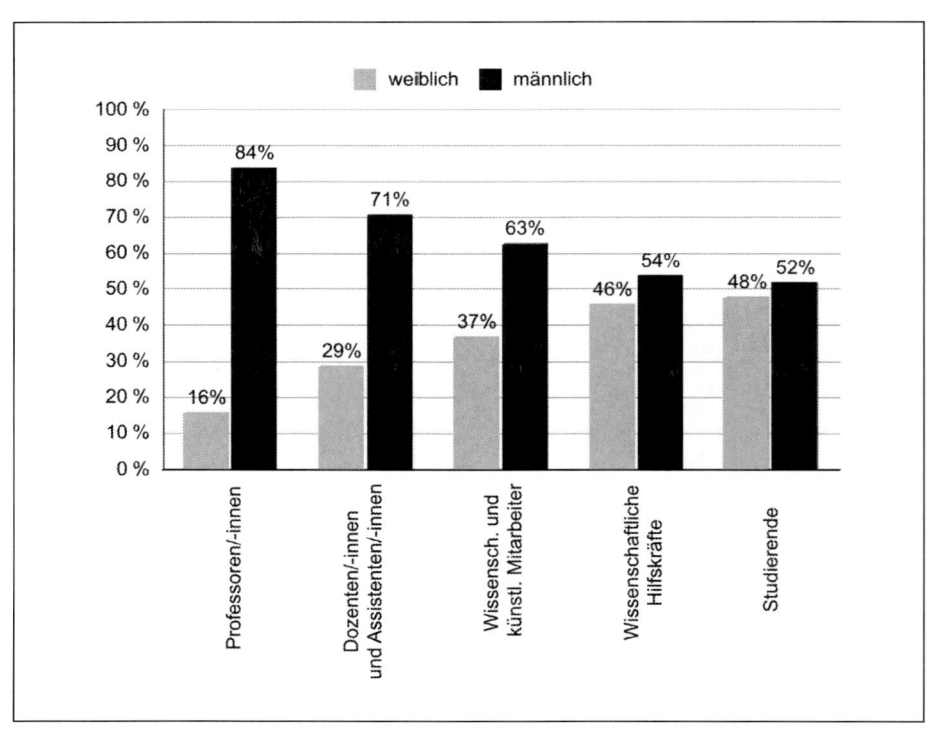

Abbildung 4: Vertikale Segregation am Beispiel Hochschule (Statistisches Bundesamt, 2007b)

Neben der vertikalen lässt sich zudem eine horizontale Segregation beobachten: Männer und Frauen auf derselben hierarchischen Ebene führen unterschiedliche Aufgaben durch. 1996 wurden in einer Studie die Tätigkeiten von männlichen und weiblichen studentischen Hilfskräften an Universitäten verglichen (Kracke & Englich, 1996). Die Ergebnisse zeigen, dass weibliche studentische Hilfskräfte häufiger kopieren, Ablage machen und andere weniger anspruchsvolle Hilfsdienste verrichten, während männliche Hilfskräfte eher in inhaltliche Forschungsaufgaben einbezogen werden.

Eine geschlechtsspezifische Aufteilung der Arbeitsaufgaben ist also sehr früh feststellbar, nicht erst auf den oberen Sprossen der Karriereleiter. Es ist zu vermuten, dass sich die **frühe** geschlechtsspezifische Verteilung unterschiedlich anspruchsvoller Aufgaben auf die **späteren** Karrieremöglichkeiten auswirkt – und sie ist in beinahe allen Tätigkeitsfeldern zu beobachten (vgl. auch Kapitel 4).

Mit der geschlechtsspezifischen Arbeitsteilung gehen also ungleiche Entwicklungsmöglichkeiten und Chancen für Männer und Frauen einher. Zudem wird die Arbeit von Frauen entwertet bzw. als weniger wertvoll betrachtet, was man daraus entnehmen kann, dass Frauen für die gleiche Arbeit schlechter bezahlt werden als Männer (Hinz & Gartner, 2005).

2.2.5 Verteilung der Arbeit zwischen Ländern und Regionen

Auch zwischen Ländern und Regionen findet über Handels- und Austauschbeziehungen Arbeitsteilung statt. Das bringt unterschiedliche Arbeitsbedingungen in bestimmten Ländern mit sich. So ist etwa die Rohstoffgewinnung (z. B. Bergbau) gefährlicher oder anstrengender (z. B. Landwirtschaft) als die Rohstoffverarbeitung. Wenn manche Länder nur die Rohstoffe gewinnen, die Verarbeitung aber in anderen Ländern stattfindet, dann ist die schwere und gefährliche Arbeit ungleich verteilt.

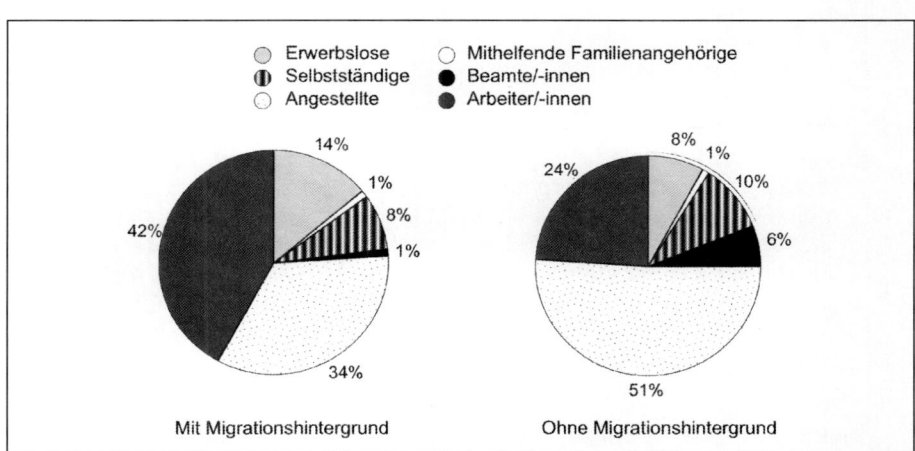

Abbildung 5: Erwerbspersonen mit und ohne Migrationshintergrund (Statistisches Bundesamt, 2007a)

Globus-
umspannende
Arbeitsteilung

Neben dieser globusumspannenden Arbeitsteilung ist auch innerhalb von Ländern die Arbeit häufig nach den kulturellen Hintergründen verteilt. Tätigkeiten mit geringeren Qualifikationsanforderungen werden häufig von Migranten mit verschiedenen kulturellen Hintergründen ausgeübt, wie Abbildung 5 zeigt.

2.3 Arbeitsteilung und Menschenbilder

Beeinflussung der
Arbeitsorganisation
durch Menschen-
bilder

Wenn ein Arbeitsablauf in viele Teiltätigkeiten zersplittert wird, dann müssen diese Teiltätigkeiten wiederum koordiniert werden. Modelle der Organisation von Betrieben werden in dem Lehrbuch „Organisationspsychologie" von Kanning und Staufenbiel (2012) behandelt. Die Art und Weise, wie Arbeit im Betrieb organisiert wird, ist beeinflusst vom Menschenbild derjenigen, die für die Arbeitsorganisation verantwortlich sind. Auch diese Menschenbilder sind einem zeitichen Wandel unterworfen.

2.3.1 Der „Economic Man": Kontrolle und materielle Anreize

Taylorismus

Noch zu Beginn des 20. Jahrhunderts war das Menschenbild des „Economic Man" verbreitet. Dem liegt cie Vorstellung zugrunde, der Mensch sei ausschließlich über Kontrolle und extrinsische Belohnung, also materielle Anreize, zur Leistung zu motivieren. Der Mensch an sich, seine Bedürfnisse, Ziele und Präferenzen haben in diesem System keinen Platz. Kreativität und eigenständiges Denken treten hinter das strikte Befolgen von Regeln zurück und werden geradezu als unerwünschte Störfaktoren betrachtet.

Ein zentraler Vertreter dieses Menschenbilds war Taylor, den Sie im vorangegangenen Kapitel bereits als Begründer der sogenannten wissenschaftlichen Betriebsführung kennengelernt haben:

> Zum Beispiel machte ich Zeitstudien an einem von Natur aus energischen Arbeiter, der seinen Weg zur Arbeit und zurück in einem Tempo von ungefähr drei bis vier Meilen pro Stunde zurücklegte und sogar häufig am Feierabend nach Hause trabte. Beim Betreten der Fabrik jedoch verlangsamte er sofort seinen Schritt bis zu ungefähr einer Meile in der Stunde.

> Hatte er einen beladenen Schubkarren vor sich her zu schieben, so ging er ziemlich rasch, selbst bergauf, um möglichst schnell die Arbeit zu beenden. Auf dem Rückweg mit dem leeren Schubkarren verfiel er dann sofort wieder in den langsamen Schritt von höchstens einer Meile pro Stunde und benutzte jede Gelegenheit für einen Aufenthalt, so dass man jeden Augenblick meinte, er würde sich niedersetzen. Um ja nicht mehr als sein faulenzender Arbeitsgenosse zu tun, machte er sich tatsächlich müde in seinem Bestreben, langsam zu gehen (Taylor, 1995, S. 19).

Taylor und andere Vertreter dieses Menschenbilds nahmen also an, dass Menschen grundsätzlich anstreben, sich vor der Arbeit zu drücken, wenn sie keinen Nutzen für sich sehen. Dies hätte zur Konsequenz, dass beständige Kontrolle durch andere notwendig ist, um die Leistung der Arbeiter aufrechtzuerhalten. Die Arbeiter selber sind unter diesen Bedingungen weder an der Planung noch an der Kontrolle ihrer Tätigkeiten beteiligt. Welche Folgen solche **unvollständigen** Aufgaben haben, wird in Kapitel 3 näher erläutert.

Im Taylorismus wurde zudem die Leistung an die Entlohnung gekoppelt (Prämien-/Akkordlohn). Die Entlohnung erschien dadurch objektiver, da sie z. B. an der Anzahl produzierter Teile orientiert wurde. Im Gegensatz zur Willkür der Entlohnung von Arbeit im vorindustriellen feudalen Zeitalter wurde dies als „gerecht" dargestellt (vgl. hierzu das „herzliche Einvernehmen" in Kapitel 1). Es ist aber zu berücksichtigen, dass bei Akkord- und Prämienlohn die Festlegung des durchschnittlichen Leistungsniveaus entscheidend für Lohnhöhe und Beanspruchung ist.

Entlohnung im tayloristischen Sinne

2.3.2 Der „Social Man" und der Human-Relations-Ansatz

In den 1930er Jahren geriet das Bild des „Economic Man" ins Wanken. Ausgangspunkt hierfür war eine vielbeachtete wissenschaftliche Studie, die von 1927 bis 1932 in den Hawthorne-Werken der Western Electric Company in Chicago (USA) durchgeführt wurde (Roethlisberger & Dickson, 1939; Mayo, 1930, 1933). Ziel der Untersuchungen war herauszufinden, ob durch die Variation verschiedener Bedingungen (Beleuchtung, Arbeitszeit, Arbeitspausen) die Leistung verbessert werden konnte.

Zu ihrer Überraschung stellten die Forscher fest, dass unter verschiedenen Bedingungsvariationen die Leistung anstieg. Die Leistungserhöhung blieb sogar bestehen, nachdem diese Veränderungen wieder zurückgenommen wurden. Wenn Sie die Studie genauer unter die Lupe nehmen, dann werden Sie allerdings allerhand Versäumnisse der Forscher feststellen. Das soll hier nicht ausgebreitet werden und ist nachzulesen bei Moldaschl und Weber (1998, S. 348– 357).

Dennoch hat die Interpretation dieser unerwarteten Ergebnisse zu neuen Überlegungen geführt: Sie wurden als Effekte der sozialen Situation erklärt. Im Verlauf der Untersuchung kam eine Vielzahl von Gesprächskontakten mit Vorgesetzten, Kolleginnen und dem Forscherteam zustande, informelle Beziehungen und Gruppen entwickelten sich. Offenbar spielten also die menschlichen Beziehungen („human relations") am Arbeitsplatz eine Rolle. Die Sichtweise des primär über materielle Anreize gesteuerten arbeitenden Menschen wurde abgelöst durch das Menschenbild des „Social Man", der neben materiellen auch soziale Bedürfnisse hat – etwa nach Austausch und Anerkennung –, deren Erfüllung sich in der Arbeitsleistung niederschlägt.

Rolle sozialer Beziehungen

Paradigmenwechsel

Die veränderte Sichtweise führte in der betrieblichen Organisation wie auch in der arbeits- und organisationspsychologischen Forschung zu neuen Themen und Fragestellungen: die Wirkung und Gestaltung der sozialen Beziehungen im Betrieb. Beispiele hierfür sind die Gestaltung von Aufenthalts- und Pausenräumen oder ein wertschätzender Umgang der Führungskräfte mit ihren Mitarbeitern.

2.3.3 Der „Self-Actualizing Man" und die Humanisierung der Arbeit

Auch der Human-Relations-Ansatz stellte die tayloristische Arbeitsteilung oder die Organisation der Arbeit am Fließband nicht grundlegend in Frage. Zwar wurden die sozialen Beziehungen am Arbeitsplatz thematisiert; eine Veränderung der – durchaus als sinnentleert bewerteten – Arbeitsaufgaben selbst wurde nicht angestrebt.

Selbstver-
wirklichung und
Wachstum

Erst ab Ende der 1950er Jahre thematisierten Forschungsarbeiten zunehmend das menschliche Bedürfnis nach Selbstverwirklichung und psychologischem Wachstum. Hierzu zählen insbesondere Arbeiten zur Leistungsmotivation und zur Arbeitszufriedenheit von Maslow (1954), Herzberg, Mausner und Snyderman (1959), McGregor (1960) und Argyris (1964).

Menschengerechte
Arbeit

Diese Sichtweise des nach Selbstverwirklichung strebenden Menschen – des „Self-Actualizing Man" – rückte die Frage in den Mittelpunkt, wie die Arbeitstätigkeiten selbst zu gestalten sind, so dass Menschen darin einen Sinn finden. Die Forderung nach einer Humanisierung der Arbeit wurde geboren und fand ihren Niederschlag im gleichnamigen Forschungsprogramm der Bundesregierung Mitte der 1970er Jahre (vgl. Greif, Bamberg & Semmer, 1991). Der Abbau von Arbeitsbelastungen und die Schaffung persönlichkeitsförderlicher Arbeitsbedingungen wurden zu zentralen Themen. Mit den dazugehörigen Konzepten werden wir uns noch eingehend in den weiteren Kapiteln beschäftigen.

2.3.4 Der „Complex Man": Individualisierung von Arbeitstätigkeiten

Vielfältige
Bedürfnisse

Alle bislang vorgestellten Menschenbilder nehmen eine Komplexitätsreduktion vor, indem sie davon ausgehen, dass die jeweils angenommenen Gegebenheiten für alle Menschen gleichermaßen wirksam sind. Heute wissen wir jedoch, dass Menschen in Bezug auf ihre Arbeit vielfältige Bedürfnisse haben, die sich im Laufe einer individuellen Erwerbsbiografie verändern können. Auch können Personen gegenüber unterschiedlichen Organisationen oder sogar innerhalb einer Organisation unterschiedliche Bedürfnisse oder Motive entwickeln (z.B. gegenüber dem Betrieb, der Gewerkschaft, der eigenen Arbeitsgruppe, vgl. Schein, 1980).

Dieser Komplexität der Lebenswirklichkeiten und Bedürfnisse arbeitender Menschen trägt die Sichtweise des Menschen als „Complex Man" Rechnung. Damit sind neue Herausforderungen für die Arbeits- und Organisationspsychologie verbunden. Aus der bisherigen Entwicklung kann also abgeleitet werden, dass sich stärker um die Individualisierung von Arbeitstätigkeiten bemüht werden muss.

Aufgabe

Schein (1980) hat in seinem Buch „Organizational Psychology" das Menschenbild des „Complex Man" ausführlich beschrieben. Lesen Sie die Übersetzung in Ulich (2005, S. 55/56).

2.4   Aktuelle Entwicklungen

Auch aktuell erleben wir, wie technologische Entwicklungen Arbeitsbedingungen verändern: Informations- und Kommunikationstechnologien, die eine schnelle, quasi zeit- und ortsunabhängige Datenübertragung ermöglichen, haben den beruflichen und privaten Alltag vieler Menschen durchdrungen. Themen aus den Anfängen der Industrialisierung wie die Vereinbarkeit von Beruf und Familie erhalten neue Aktualität. „Virtuelle" Organisationen und Netzwerkstrukturen entstehen als neue Organisationsformen über Betriebsgrenzen hinweg. Auch innerhalb von Organisationen arbeiten und kommunizieren Menschen immer häufiger computervermittelt in standortübergreifenden Teams (vgl. Neuendorff, Oberquelle, Ott & Schlick, 2007).

Neue Organisationsformen

Zunehmend werden Selbstorganisation und Flexibilität von den Beschäftigten gefordert. Folgerichtig postulierte Sennett bereits 1998 den „flexiblen Menschen" als Menschenbild der globalisierten Wissensökonomie – allerdings in einer sehr kritischen Betrachtung (die Originalausgabe trägt den Titel „The Corrosion of Character").

Forderung nach Flexibilität

Für die Arbeits- und Organisationspsychologie stellt sich die Aufgabe, diese neuen Entwicklungen zu begleiten und entsprechende Konzepte für die Analyse und Gestaltung von Arbeit zu entwickeln – eine Aufgabe, an der Sie zukünftig mitwirken können, wenn Sie in der Personal- oder Organisationsentwicklung einer Organisation tätig sind.

Zusammenfassung

In diesem Kapitel gingen wir der Frage nach, wie verschiedene Merkmale von Arbeitsteilung sich auf Arbeitsbedingungen und die Organisation von Arbeitstätigkeiten auswirken. Die Trennungen zwischen Besitz und Bedienung, zwischen Erwerbs- und Reproduktionsarbeit sowie zwischen Hand- und Kopfarbeit wurden als wichtige Dimensionen der Arbeitsteilung diskutiert. Zudem wurde die Aufteilung der Arbeit zwischen den Geschlechtern sowie zwischen verschiedenen Nationen thematisiert. Es wurde deutlich, dass die verschiedenen Merkmale von Arbeitsteilung eng mit der technologischen Entwicklung verbunden sind.

Arbeitsteilung hat psychologisch bedeutsame Folgen, insbesondere im Hinblick auf Entscheidungs- und Gestaltungsspielräume bei der Arbeit, auf die Intensivierung der Arbeit (Dauer des Arbeitstages, Maschinentakt), auf die Vereinbarkeit von Erwerbsarbeit und anderen Lebensbereichen, auf die Abwechslung bzw. Monotonie und einseitige Belastung bis hin zur Nichtnutzung und Verkümmerung vorhandener Fähigkeiten.

Im zweiten Teil des Kapitels widmeten wir uns der historischen Entwicklung, die eng verknüpft ist mit dem vorherrschenden Menschenbild der jeweiligen Zeit: Das Bild des „Economic Man" betont, dass Menschen nur durch materielle Anreize und ständige Kontrolle zur Arbeit zu motivieren wären; mit dem „Social Man" wird die Bedeutung der sozialen Beziehungen am Arbeitsplatz (zwischen Mitarbeitern und zwischen Mitarbeitern und Führungskräften) thematisiert; die Sichtweise des „Self-Actualizing Man" rückt die entwicklungsförderliche Gestaltung der Arbeit in den Vordergrund; der „Complex Man" spiegelt die Komplexität menschlicher Bedürfnisse wider und verlangt nach einer Individualisierung von Arbeitstätigkeiten.

Weiterführende Literatur

Schneider, H. (Hrsg.). (1980). *Geschichte der Arbeit. Vom alten Ägypten bis zur Gegenwart.* Frankfurt/Main: Ullstein.

Reflexionsaufgaben

1. Inwiefern ist die Entwicklung der Arbeit an die technologische Entwicklung gekoppelt? Nennen Sie historische und aktuelle Beispiele.
2. Benennen Sie die Dimensionen der Arbeitsteilung und die jeweils damit verbundenen psychologischen Fragestellungen.
3. Geben Sie die hier vorgestellten Menschenbilder wieder und schildern Sie die damit verbundenen Konsequenzen für die betriebliche Praxis und für die arbeitspsychologische Forschung.
4. Benennen Sie aktuelle Entwicklungen und damit verbundene psychologische Fragestellungen.

Kapitel 3
Regulation des Arbeitshandelns

Jan Dettmers und Eva Bamberg

Inhaltsübersicht

3.1   Einleitung

Wir haben im vorangegangenen Kapitel erfahren, dass die mit der Arbeitsteilung einhergehende Aufsplittung des Arbeitsablaufs in Teiltätigkeiten ein Kennzeichen heutiger Arbeitssysteme ist. Welche Auswirkungen mit dieser Arbeitsteilung verbunden sind, wird deutlich, wenn man die psychischen Vorgänge analysiert, die mit dem Arbeitshandeln verbunden sind.

Mit der psychischen Regulation des Arbeitshandelns befasst sich die Handlungsregulationstheorie. Sie versucht, die geistigen Vorgänge beim Arbeitshandeln zu beschreiben und Wirkungen von Arbeitsaufgaben auf den Arbeitenden vorauszusagen. Schließlich können aus der Handlungsregulationstheorie Schlussfolgerungen für die Arbeitsgestaltung gezogen werden.

Bevor wir hier die Inhalte der Handlungsregulationstheorie erläutern, wollen wir kurz auf die Entwicklung dieser Theorie eingehen. Dabei soll u. a. deutlich werden, dass die Handlungsregulationstheorie keinem der im vorigen Kapitel ausgeführten „westlichen" Menschenbilder verpflichtet ist, da sie wesentliche Impulse aus der sowjetischen Psychologie erhalten hat.

3.2   Überblick zur Handlungsregulationstheorie

Behaviorismus

Bis in die 1960er Jahre gab es innerhalb der Arbeitspsychologie nur wenige ausgearbeitete theoretische Ansätze und kaum einheitliche Theorien. Eine der wichtigsten theoretischen Strömungen war in den 1960er Jahren der Behaviorismus, bei dem das (beobachtbare) Verhalten im Vordergrund stand. Kognitive Prozesse wurden dabei zumeist aus den Überlegungen ausgeklammert. In dieser Zeit erschien in den USA ein

Kognitive Wende

Buch von Miller, Galanter und Pribram (1960): „Plans and the Structure of Behavior", welches einen Ansatz darstellte, auch kognitive Vorgänge bei der Regulation komplexer Handlungen zu beschreiben. Das Buch wurde lebhaft diskutiert und legte die Grundlage für die Betrachtung kognitiver Prozesse bei vielfältigen Aspekten menschlichen Handelns. Die Erwartung war, dass mit Hilfe dieses Ansatzes auch zentrale Fragen der Arbeitspsychologie beantwortet werden können.

Neben diesem neuen Zugang zur Beschreibung menschlichen Handelns wurden zunehmend auch Konzepte der sowjetischen Psychologie im deutschsprachigen Raum diskutiert. Politische Gründe mögen dafür eine Rolle gespielt haben. Wichtig war aber vor allem Folgendes: In der Denktradition der sowjetischen Psychologie (z. B. Leontjew, 1982) wurde den äußeren Bedingungen psychischer Prozesse große Aufmerksamkeit geschenkt. Das ist eine für die Arbeitspsychologie zentrale Frage, wenn man etwa an die Wirkungen von Arbeitsbedingungen denkt. Weiter wurden in dieser Denktradition einzelne psychische Prozesse nicht isoliert betrachtet, sondern stets in Abhängigkeit von übergeordneten (psychischen) Prozessen (z. B. Denken, Wahrnehmung, Lernen, Erinnern usw.). Auch dies hat für die Arbeitspsychologie eine besondere Bedeutung, wie wir später sehen werden.

In dieser Zeit, in der alternative theoretische Konzepte diskutiert wurden, erschien das Buch „Allgemeine Arbeits- und Ingenieurspsychologie" von Winfried Hacker (1973/1978) aus Dresden, welches zu den Grundlagen der Handlungsregulationstheorie gehört und auf die Arbeitspsychologie im deutschsprachigen Raum einen großen Einfluss ausüben sollte (Volpert, 1987; Ulich, 2005; Greif, 1983). Lag der ursprüngliche Fokus der Handlungsregulationstheorie auf der Analyse von individueller Produktionsarbeit, so wurde ihr Anwendungsfeld im Laufe der Zeit immer breiter. Neben Anwendungen auf Büroarbeitsplätze (z. B. Leitner et al., 1993; Dunckel et al., 1993) und Arbeit in Gruppen (Weber, 1997) finden auch immer wichtiger werdende Formen der Dienstleistungs- und Interaktionsarbeit in der Theorie ihre Berücksichtigung (vgl. Hacker, 2009).

Im Folgenden sollen nun zentrale Begriffe der Handlungsregulationstheorie erläutert werden. Zunächst geht es etwas ausführlicher um den Begriff der Handlung und um die Merkmale des Handelns.

3.3   Definition von Handlung und Merkmale des Handelns

Eine Handlung wird von Hacker (1999, S. 386) wie folgt definiert: „Handlung bezeichnet eine zeitlich in sich geschlossene, auf ein Ziel gerichtete sowie inhaltlich und zeitlich gegliederte Einheit der Tätigkeit, nämlich die kleinste psychologisch relevante Einheit willentlich gesteuerter Tätigkeiten von Individuen, Gruppen und Organisationen. Die Abgrenzung von Handlungen erfolgt durch das bewusste Ziel."

Handlung als kleinste Einheit

Nehmen wir als Beispiel die Cousine von Fabian, Andrea. Sie ist Elektrikerin. Andrea wurde zu einer Kundin geschickt, um in deren Arbeitszimmer die Elektroinstallation zu erneuern. Unter anderem soll eine neue Beleuchtung installiert werden. Ziel einer Handlung kann nun etwa die Anbringung einer Lampe sein. Dieses Ziel und damit die Handlung sind abzugrenzen von anderen Handlungen, wie etwa die Handlung mit dem Ziel, einen Netzwerkanschluss zu installieren.

Die Handlungsregulationstheorie sieht bestimmte Merkmale als charakteristisch für das Handeln an (vgl. den nächsten Kasten).

Merkmale des Handelns (vgl. Volpert, 1974b)

- Zielgerichtetheit
- Bewusstheit
- Gegenständlichkeit
- Gesellschaftliche Eingebundenheit
- Soziale Eingebundenheit

Es wird Ihnen auffallen, dass sich diese Merkmale im Wesentlichen mit den vier Definitionskriterien von Arbeit decken, die Sie im ersten Kapitel bereits kennengelernt haben, hier ergänzt um das Kriterium der sozialen Eingebundenheit. Der enge Zusammenhang zwischen Arbeit und Handeln wird damit deutlich. Im Folgenden werden diese Merkmale ausführlicher erläutert.

3.3.1   Zielgerichtetheit des Handelns

Zielerreichung

Ziele spielen eine zentrale Bedeutung für das Handeln. Der Mensch handelt, um ein Ziel zu erreichen. Nach der Zielerreichung ist die Handlung abgeschlossen.

Hacker (1986, S. 73) versteht unter einem Ziel „die mit einer Vornahme verbundene Vorwegnahme des Ergebnisses der Handlung". Das heißt, ein angestrebtes Handlungsergebnis wird bereits mental vorweggenommen (antizipiert) und dient so der Regulation des Handlungsflusses. Volpert (2003) spricht von einem Soll-Zustand, der sich vom Ist-Zustand unterscheidet. Es gibt einen nicht befriedigten Bedarf (Ist) und die Vorstellung eines erreichbaren Zustands (Soll), in dem die Diskrepanz zwischen Soll- und Ist-Zustand beseitigt ist. Dieser Soll-Zustand wird durch die konkrete Handlung und das Ergebnis der Handlung realisiert. Die Handlung beginnt mit der Feststellung einer Diskrepanz und endet damit, dass diese nicht mehr vorhanden ist.

Beispiel

Elektrikerin Andrea nimmt sich vor, eine Lampe an der Decke anzubringen. Im vorgestellten Soll-Zustand ist die Lampe bereits an der Decke montiert. Im Ist-Zustand ist die Decke eine weiße Fläche. Durch ihre Aktivität wird Andrea versuchen, den Ist-Stand immer mehr dem Soll-Stand anzugleichen, so dass am Ende der Soll-Zustand dem Ist-Zustand entspricht: Die Lampe ist an der Decke montiert, die Handlung ist abgeschlossen.

3.3.2   Bewusstheit des Handelns

Volpert (1974b, S. 18) macht die Bewusstheit des Handelns an dem bereits in Kapitel 1 angeführten Bienenbeispiel von Marx deutlich. Das

Ergebnis der Handlung, das zu erreichende Ziel oder der angestrebte Soll-Zustand, wird bereits vor Beginn der Tätigkeit vom Handelnden antizipiert. Die Bewusstheit des Handelns bedeutet, dass der Arbeitende prinzipiell über das Ziel bzw. das Ergebnis seiner Handlung Auskunft geben könnte.

Sie könnten natürlich daraufhin einwenden, dass Sie manche Handlungen automatisch verrichten, ohne groß darüber nachzudenken. Die Ziele des Handelns sind einem durchaus nicht immer präsent. Wenn man Sie jedoch fragen würde, was das Ziel Ihrer Handlung ist, dann könnten Sie darüber Auskunft geben. Handeln ist also nicht bewusstseinspflichtig, sondern bewusstseinsfähig.

Bewusstseins-fähigkeit

3.3.3 Gegenständlichkeit der Handlung

Handlungen beziehen sich auf Gegenstände der Umwelt. Wenn Sie an körperliche oder handwerkliche Arbeit denken, wo es um das physische Einwirken auf materielle Gegenstände geht, so ist dieses Merkmal sofort offensichtlich (z. B. wird die Decke von der Elektrikerin angebohrt und damit verändert). Die Gegenständlichkeit der Handlung bedeutet jedoch nicht nur, dass die Umwelt im Sinne der Ziele des Handelns verändert wird. Gegenständlichkeit im weiteren Sinne bedeutet, dass mit Handlungen auch Konsequenzen verbunden sind, die nicht zu den unmittelbaren Handlungszielen gehören: Der Elektriker, welcher die Baustelle nach Erledigung der Arbeiten intensiv mit dem Staubsauger säubert, setzt u. U. Standards, an denen auch seine Kolleginnen gemessen werden. Gegenständlichkeit der Handlung findet also ihre Fortführung in der Beeinflussung von z. B. Standards und damit in der Beeinflussung der Organisationskultur durch die Organisationsmitglieder.

Handeln und Umwelt

3.3.4 Gesellschaftliche Eingebundenheit des Handelns

Das Merkmal „Gesellschaftliche Eingebundenheit" betrifft zum einen die Bedingungen, in denen Handlungen vollzogen werden, zum anderen die verfügbaren Handlungen selbst. Die gesellschaftliche Entwicklung der Menschheit prägt die Bedingungen, unter denen Handeln stattfinden kann. Gleichzeitig sind die Handlungen selbst auch erst im Zuge der gesellschaftlichen Entwicklung der Menschheit entstanden. Der einzelne Handelnde hat sich die Handlungen im Laufe seiner individuellen Entwicklung angeeignet (Oesterreich, 1981, S. 7).

Deutlich wird die Abhängigkeit des Handelns und dessen Gestaltung am Beispiel der Tätigkeit unserer Elektrikerin Andrea. Die gesamte berufliche Tätigkeit ist ein Ergebnis des jüngeren gesellschaftlich-technischen Fortschritts. Einzelne Handlungen im Rahmen dieser Tätigkeit verändern sich ebenfalls fortwährend. So wäre beispielweise die Installation eines Com-

Ergebnis der gesellschaftlich-technischen Entwicklung

puternetzwerks vor nicht allzu langer Zeit gar nicht denkbar gewesen. Die gesellschaftliche und technische Entwicklung hat somit Folgewirkungen auf die Arbeitsaufgaben der Handelnden, die Rahmenbedingungen, aber auch auf die Erwartungen, die an Arbeitende gestellt werden.

3.3.5   Soziale Eingebundenheit

Soziale Abstim-
mungsprozesse

Handeln findet in sozialen Bezügen statt und stellt soziale Bezüge her. Bei der sozialen Eingebundenheit des Handelns sind verschiedene Aspekte zu trennen: Wichtige Aspekte betreffen soziale Abstimmungsprozesse. Stellen Sie sich die Elektrikerin Andrea vor, die am Haus der Kundin ankommt: Übergeordnete Ziele ihrer Handlungen werden vielleicht schon von Vorgesetzten und Kundin bei der Auftragserteilung festgelegt worden sein. Wahrscheinlich wird sie beim Entwurf des Handlungsplans für einzelne Teilziele Rücksprachen mit der Kundin vornehmen und sich auch bei der Ausführung mit ihr abstimmen. Weiter ist es in Dienstleistungen üblich, die Kundin in Kontrollprozesse einzubinden, z. B. gemeinsam mit

Soziale Bezüge

ihr das Arbeitsergebnis zu überprüfen. Darüber hinaus können die sozialen Bezüge aber auch selbst Gegenstand der Handlungsregulation sein. So kann Andrea es mit einer besonders schwierigen oder unfreundlichen Kundin zu tun haben, die sie durch geschickte soziale Handlungen zu einer Kooperation bewegen muss, um die Dienstleistung zu einem erfolgreichen Abschluss zu bringen. Dieser Aspekt wird uns unter dem Thema Emotionsarbeit in Fernlehrbrief „Arbeits- und Organissationspsychologie II" weiter beschäftigen.

3.4   Die Grundstruktur des Handelns

Zielbildung als
Ausgangspunkt

Nach der Handlungsregulationstheorie besteht eine Handlung aus vier Phasen: Zielbildung, Planung, Ausführung und Kontrolle. Die Handlung beginnt, indem sich eine Arbeitende in einem Prozess der Orientierung ein Ziel setzt (vgl. Kapitel 3.3.1). Nach der Zielbildung entwirft die Handelnde einen Weg zu diesem Ziel, d. h. einen Plan. In vielen Fällen erfolgt

Entwicklung
eines Plans

die Entwicklung eines Plans ganz einfach, spontan und automatisch. In anderen Fällen ist mehr kognitiver Aufwand zum Entwurf eines adäquaten Plans erforderlich. Meistens gibt es verschiedene Wege, um ein gesetztes Ziel zu erreichen, von denen jeder eigene Merkmale und Vorbedingungen hat. Die Handelnde muss sich für einen dieser Wege entscheiden. Ein wesentlicher Teil der Planung ist, dass die Handelnde den Weg zum Ziel in verschiedene Stationen unterteilt, die der Reihe nach zu durchlaufen sind. Diese Stationen werden auch „Teilziele" genannt. Auf jeder dieser Stationen wird in irgendeiner Weise das Verhältnis zwischen Handelnder und der Welt verändert. Volpert (2003) spricht daher von Transformationen. Andere Autoren, wie Hacker, sprechen von Operationen. Die antizipierte Abfolge dieser Transformationen ist der eigentliche Plan.

Beispiel

Nachdem Andrea bei der Kundin angekommen ist, geht sie ins Arbeitszimmer und schaut sich um (Orientierung). Sie hat eine Vorstellung davon, wie das fertige Arbeitszimmer oder ein Teil davon aussehen soll. Zum Beispiel sollte an einer bestimmten Stelle eine Lampe angebracht sein. Für den Moment ist dieser Zustand jedoch noch nicht erreicht. Der Soll-Zustand, die Lampe an einen bestimmten Ort der Decke anzubringen, wird zum Ziel ihrer Handlung.

Zur Anbringung der Lampe muss die Elektrikerin Löcher in die Decke bohren, die Befestigungsvorrichtung anbringen, die Lampe einschrauben und die Verkleidung anbringen. Alle diese Teilschritte sind Teilziele des übergeordneten Ziels „Lampe montieren".

Nach dem Entwurf eines Plans als Antizipation von Transformationen erfolgt die tatkräftige Durchführung der Transformationen von der Start-Transformation über die vermittelnden Transformationen bis zur vollendenden Transformation. Dieser Prozess wird in der Handlungsregulationstheorie als Ausführung bezeichnet. Sie ist der eigentlich sichtbare Teil der Handlung. Der letzte Teil der Handlung besteht in der Überprüfung oder Kontrolle der Zielerreichung. Es geht um die Frage, ob das Ziel erreicht wurde und ob der Ist-Zustand dem gewünschten Soll-Zustand entspricht. Ist das der Fall, so ist die Handlung beendet. Der Handelnde kann eine neue Handlung beginnen.

Transformationen

Kontrolle der Zielerreichung

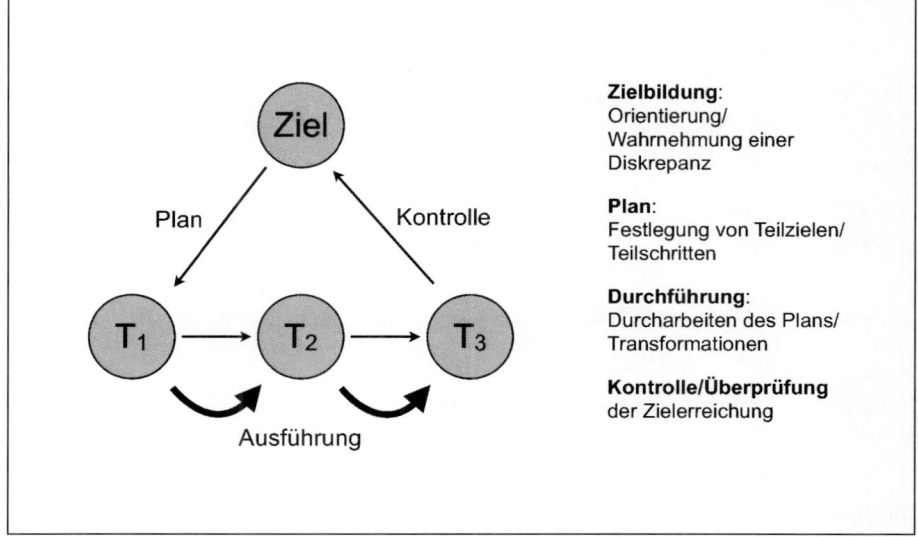

Abbildung 6: Zyklische Einheit des Handelns (T1 bis T3: Transformationen)

Die gesamte Abfolge dieser vier Handlungsphasen wird in der Handlungsregulationstheorie auch als zyklische Einheit des Handelns bezeichnet (vgl. Abb. 6). Das folgende Beispiel veranschaulicht zusammenfassend ihren Verlauf.

Zyklische Einheit des Handelns

Beispiel

Elektrikerin Andrea betrachtet das Arbeitszimmer der Kundin. Sie sieht eine Stelle, an der eine Lampe angebracht werden soll (Orientierung/Zielbildung). Die Montage der Lampe ist nun das Handlungsziel. Als Nächstes überlegt sich die Elektrikerin, welche Schritte zur Montage der Lampe erforderlich sind. Die Schritte sind etwa „Bohrlöcher markieren", „Löcher bohren", „Befestigungsvorrichtung anbringen", ... (Plan). Sie führt die Schritte aus (Ausführung) und prüft danach, ob die Lampe funktioniert, die Befestigung gut sitzt und gut aussieht (Kontrolle).

Kontrollprozesse oder Vergleiche zwischen Soll- und Ist-Zustand finden nicht nur nach Abschluss der Handlung statt. Bereits nach jeder einzelnen Teilhandlung wird überprüft, ob man dem gewünschten Ist-Zustand näher gekommen ist. Gegebenenfalls werden dann Teilhandlungen korrigiert und ein neuer Plan aufgestellt.

Aufgabe

Versuchen Sie nun, eine eigene Handlung zu analysieren. Stellen Sie sich einmal vor: Sie bekommen heute Abend Besuch von Freunden zum Essen. Sie möchten Ihren Freunden Sushi servieren. Überlegen Sie einmal ganz genau: Was sind die Teilziele des übergeordneten Ziels „Sushi zubereiten"? Welche Teilschritte sind erforderlich? Wie wird Ihre Kochtätigkeit von Gedankenvorgängen vorbereitet, begleitet und abgeschlossen? An welchen Stellen kommt es zu Kontrollprozessen?

Einordnung
von Handlungen

Nachdem Sie nun die Grundstruktur des Handelns kennengelernt haben, wollen wir uns mit komplexeren Handlungsstrukturen auseinandersetzen. Dabei geht es um die Einordnung von Einzelhandlungen in größere Handlungszusammenhänge, die hierarchisch-sequenzielle Organisation des Handelns.

3.5   Die hierarchisch-sequenzielle Organisation des Handelns

Wir haben gesehen, dass Handlungen aus den vier Phasen Zielbildung, Planung, Ausführung und Kontrolle bestehen (vgl. Abb. 6). Wie Sie sich sicher denken können, ist diese Grundstruktur ein vereinfachtes Modell. Menschliche Handlungen bestehen in der Regel aus sehr viel komplexeren Strukturen. Nehmen wir etwa die einzelnen Transformationen, die auf der unteren Seite des Modells abgebildet sind und als beobachtbarer Teil der Handlung bezeichnet wurden. Im Falle unserer Elektrikerin Andrea, die die Handlung „Lampe montieren" durchführt, bestanden die Transformationen in den Teilschritten „Löcher bohren", „Vorrichtung anbringen", „Lampe einschrauben" etc. Für jede dieser einzelnen Transformationen kann ein eigenes (Teil-)Ziel benannt werden, für das wiederum einzelne Schritte oder Transformationen angegeben werden können. Im Falle des Teilziels „Löcher bohren" wären dies die Schritte „Bohrmaschine vorbereiten", „Bohrer ansetzen" etc. Jede einzelne Transformation kann also selbst eine eigene zyklische Einheit bilden (vgl. Abb. 7).

Transformationen als eigene zyklische Einheiten

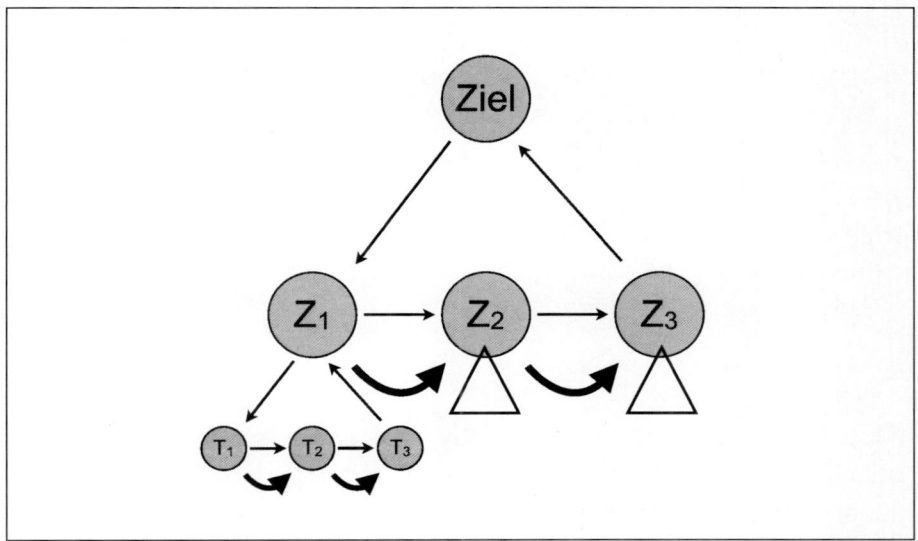

Abbildung 7: Transformationen als eigene zyklische Einheit (Z1 bis Z3: Ziele der einzelnen Transformationen; T1 bis T3: Transformationen)

Unser Handlungsmodell wird komplexer, indem jede Transformation eine eigene zyklische Einheit bildet. Sie können sich das Modell aber auch nach oben erweitert vorstellen. Schauen Sie auf die ursprünglich betrachtete zyklische Einheit. Auch sie kann als Teil einer übergeordneten Einheit verstanden werden – als eine Transformation auf dem Weg zu einem noch allgemeineren Ziel. So entsteht eine Verschachtelungsstruktur über mehrere Ebenen hinweg (vgl. Abb. 8).

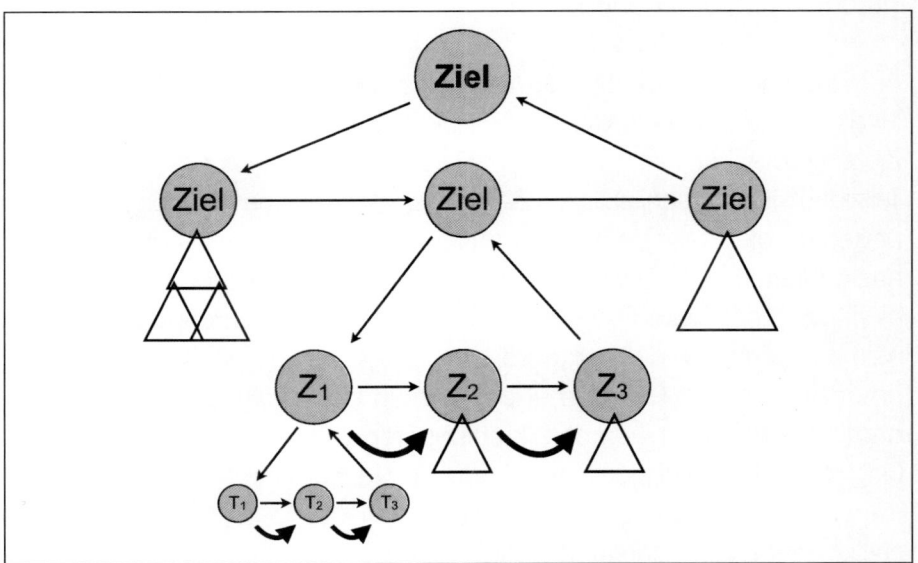

Abbildung 8: Zyklische Einheiten als Transformationen übergeordneter Einheiten

<table>
<tr><td>Verschachtelung
zyklischer Einheiten</td><td>Es ergibt sich also eine hierarchische Struktur ineinander verschachtelter zyklischer Einheiten und damit die hierarchisch-sequenzielle Organisation des Handelns. Am Beispiel der Elektrikerin Andrea soll die komplexe Struktur erläutert werden.</td></tr>
</table>

> **Beispiel**
>
> Das Handlungsziel der Elektrikerin Andrea war die Anbringung einer Lampe im Arbeitszimmer der Kundin. Zur Erreichung dieses Ziels sind verschiedene Schritte oder Transformationen erforderlich, die (sequenziell) aneinandergereiht den Handlungsplan ergeben. Zu den einzelnen Transformationen gehören etwa: den richtigen Ort zur Anbringung finden, die Befestigungsvorrichtung an der Decke anbringen, Sicherung herausdrehen, den Stromanschluss montieren, die Glühbirnen einschrauben etc.

Jede dieser Transformationen lässt sich selbst wieder als zyklische Einheit oder Teilziel mit entsprechendem Handlungsplan und Einzeltransformationen betrachten. Nehmen wir das Beispiel „Die Befestigungsvorrichtung anbringen". Um dieses Ziel zu erreichen, müssen wiederum einzelne Transformationen nacheinander durchgeführt werden. Es müssen Bohrlöcher markiert, die Löcher gebohrt, die Vorrichtung angesetzt und die Schrauben festgeschraubt werden. Dies wäre die untere Ebene der Handlungshierarchie. Umgekehrt wird auf der übergeordneten Ebene die Anbringung einer Lampe nur ein Schritt oder Teilziel eines übergeordneten Ziels sein. Dies wäre etwa die gesamte Elektroinstallation des Arbeitszimmers der Kundin. Weitere Teilziele wären hier das Legen der Steckdosen sowie der Telefon- und Netzwerkanschlüsse. Jedes dieser Teilziele ließe sich wiederum in Einzeltransformationen aufgliedern, welche für sich genommen eigene zyklische Einheiten mit Ziel, Handlungsplan, Durchführung und Kontrolle darstellen würden.

Abbildung 9 gibt noch einmal den vollständigen Überblick über die Handlungshierarchie. In Bezug auf jede Handlung wird ein Ziel aufgestellt. Dieses Ziel untergliedert sich in mehrere Teilziele, diese sich wiederum in mehrere Teilziele, bis man schließlich auf einer untersten Ebene angelangt ist. Dabei bedeuten die Pfeile nach oben, dass für jeden Schritt überprüft wird, ob das entsprechende Teilziel erreicht ist oder nicht. Wenn die Teilhandlungen einer übergeordneten zyklischen Einheit sequenziell durchgearbeitet sind, wird überprüft, ob ein übergeordnetes Teilziel erreicht ist. Am Schluss wird überprüft, ob das Gesamtziel der Handlung erreicht und die Handlung damit beendet ist. Nach der Handlungsregulationstheorie ist jede Handlung in solche übergeordneten Handlungszusammenhänge eingebettet.

<table>
<tr><td>Komplexe Handlungshierarchien</td><td>Neben der Verschachtelung verschiedener zyklischer Einheiten in komplexeren Handlungshierarchien soll die Abbildung noch etwas Zusätzliches</td></tr>
</table>

verdeutlichen: Je weiter Sie zu den unteren Ebenen der Handlungshierarchie kommen, desto konkreter werden die Transformationen. Auf der untersten Ebene wird die Handlung für jeden sichtbar durchgearbeitet. Je weiter oben Sie sich befinden und je mehr Hierarchien betroffen sind, desto komplexer ist das Handlungsgefüge. Mit der Komplexität steigt ebenfalls die Notwendigkeit von Planungs- und Kontrollprozessen. Die geistigen Anforderungen an die Tätigkeit steigen (Hacker, 1999).

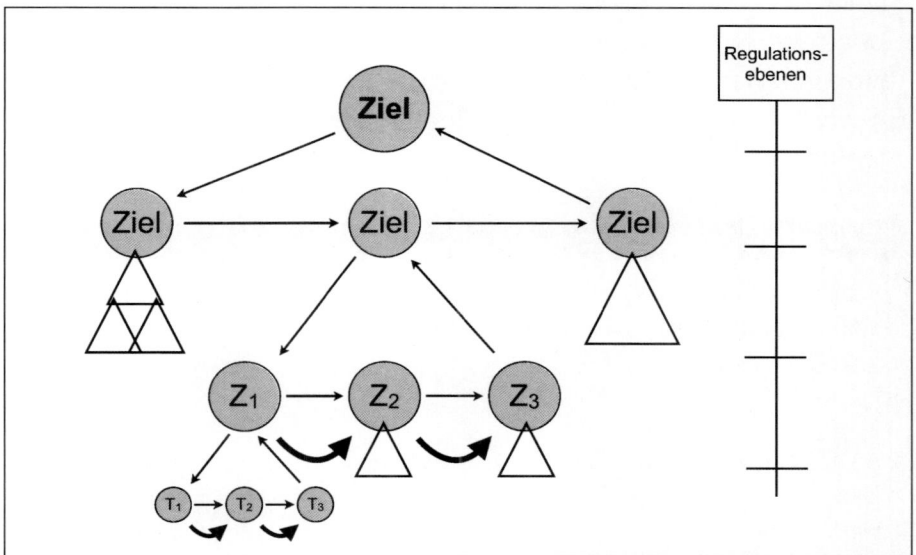

Abbildung 9: Handlungshierarchien und Regulationsebenen

3.6 Ebenen der Handlungsregulation

Wenn Sie Menschen (z. B. unsere Elektrikerin) beim Arbeiten beobachten, stellen Sie fest, dass die Regulation der Tätigkeit unterschiedlich komplex ist: Bestimmte Operationen sind weitgehend automatisiert – vor allem für die geübte Arbeitende. Andere erfordern höchste Konzentration und komplexe Planungen, wie z. B. die komplette Elektroinstallation eines Arbeitszimmers.

In der Handlungsregulationstheorie wird die unterschiedliche Komplexität von Handlungen aufgegriffen, indem unterschiedliche Ebenen der Handlungsregulation definiert werden. Es gibt hierzu verschiedene Unterteilungssysteme, z. B. von Volpert (1974b), Volpert, Oesterreich, Gablenz-Kolakovic, Krogoll und Resch (1983), Oesterreich (1981) oder Hacker (1978). Im Folgenden sollen das System von Hacker (1978) und das von Oesterreich (1981) dargestellt werden.

Ebenen der Handlungsregulation nach Hacker

1. Sensumotorische Regulationsebene
2. Perzeptiv-begriffliche Regulationsebene
3. Intellektuelle Regulationsebene

Ebenen der Handlungsregulation nach Hacker

Nach dem Modell von Hacker (vgl. vorangehender Kasten) ist die unterste Ebene die **sensumotorische Regulationsebene**: Auf ihr verlaufen Aktionsprogramme, die aus automatisierten Bewegungsabfolgen bestehen. Operationen auf dieser Ebene sind nicht bewusstseinspflichtig. Die Handelnde braucht in der Regel nicht über die einzelnen Operationen nachzudenken, sondern kann sie automatisiert durchführen. Die nächste Ebene ist die **perzeptiv-begriffliche Ebene**: Auf ihr wird der Einsatz allgemeiner Handlungsschemata reguliert. Das sind komplexe Tätigkeitseinheiten, die immer wieder benötigt und je nach Situation modifiziert werden. Die dritte Ebene der Handlungsregulation nach Hacker ist die **intellektuelle Regulationsebene**: Hier erfolgt die bewusste Analyse komplexer Situationen. Es werden bewusst Handlungspläne entworfen, Alternativen bedacht, Störungen antizipiert usw.

Beispiel

Während Andrea mit ihrem Auto zur nächsten Kundin eilt, konzentriert sie sich voll und ganz auf den Verkehr. Als langjährige Autofahrerin ist das Schalten der Gänge für sie zu einem automatisierten Ablauf geworden (sensumotorische Regulationsebene).

Als geübte Handwerkerin merkt Andrea beim Bohren recht schnell, wie die Decke des Arbeitszimmers beschaffen ist. Ohne viel darüber nachzudenken, wird sie bei der Anbringung von elektrischen Geräten speziell geeignete Dübel und Schrauben auswählen, die nach ihrer Erfahrung einen sicheren Halt gewährleisten (perzeptiv-begriffliche Regulationsebene).

Unsere Elektrikerin wird von der Kundin gebeten, wegen eines Telefonats in der nächsten halben Stunde keine lauten Bohrarbeiten durchzuführen. Sie muss sich bewusst überlegen, wie sie die geplanten Arbeitsschritte so neu plant, dass sie zunächst mit den „leisen" Arbeiten fortfährt (intellektuelle Regulationsebene).

An dem Modell von Hacker wurde kritisiert, dass es auf den oberen Ebenen nicht ausreichend differenziert. Oesterreich (1981) hat diese Ebenen weiter differenziert und spezifiziert (vgl. nächsten Kasten).

Handlungs-regulationstheorie von Oesterreich

Ebenen der Handlungsregulation nach Oesterreich

1. Handlungsausführung
2. Handlungsplanung
3. Zielplanung
4. Bereichsplanung
5. Erschließungsplanung

Die erste unterste Ebene der Handlungsregulation, die **Handlungsausführung** entspricht der sensumotorischen und perzeptiv-begrifflichen

Regulationsebene nach Hacker. Bei der **Handlungsplanung** geht es um die Planung eines Weges zu einem gegebenen Ziel und um Entscheidungen über einzelne Handlungen. Diese Ebene entspricht in etwa der intellektuellen Regulationsebene nach Hacker. Die Regulationsebene der **Zielplanung** beinhaltet die Entwicklung von Zielen und Prioritäten in einem Handlungsbereich. **Bereichsplanung** bedeutet die Koordination des Handelns in verschiedenen Handlungsbereichen. Die Regulierbarkeit des gesamten Tätigkeitssystems soll dabei erhalten und erhöht werden. Auf der Ebene der Erschließungsplanung (Aufbau neuer Handlungsbereiche) geht es um die Erschließung von Handlungsbereichen außerhalb des aktuellen Tätigkeitssystems.

Beispiel

Andrea könnte sich etwa bewusst überlegen, was ihr bei ihrer Arbeit besonders wichtig ist: ein möglichst schneller und kostengünstiger Abschluss der Arbeiten, eine möglichst gründliche Überprüfung der durchgeführten Arbeiten oder die Herstellung einer herzlichen Beziehung zur Kundin (Zielplanung).

Neben den täglichen Aufträgen, die Andrea für ihren Betrieb abwickeln muss, ist Andrea in ihrem Sportverein als Trainerin einer Handballmannschaft aktiv. Zweimal in der Woche leitet sie das Training und organisiert Fahrten zu Turnieren und Punktspielen am Wochenende. Die beiden Tätigkeitssysteme Handwerk und Trainertätigkeit muss sie so koordinieren, dass beide gut regulierbar bleiben und nicht beeinträchtigt werden (Bereichsplanung).

Andrea möchte sich im Bereich Netzwerktechnik selbstständig machen und muss dafür neben ihrer regulären Arbeit als angestellte Elektrikerin umfangreiche Vorbereitungen treffen (Erschließungsplanung).

3.7 Implikationen der Handlungsregulationstheorie für die Arbeitsgestaltung

Nach der Handlungsregulationstheorie ist menschliches Handeln wesentlich für die Persönlichkeitsentwicklung (Leontjew, 1982). Dies betrifft Merkmale wie Fähigkeiten und Kompetenzen, Selbstwirksamkeit oder Resistenz gegenüber Belastungen. Die Persönlichkeitsförderlichkeit der Arbeitstätigkeit hängt davon ab, wie komplex und vollständig die Handlungen sind. Die Möglichkeiten der Persönlichkeitsentwicklung werden eingeschränkt, wenn Komplexität und Vollständigkeit der Arbeitsaufgabe nicht gegeben sind. Aufgrund der Arbeitsteilung in unserer Gesellschaft (vgl. Kapitel 1 und 2) ist dies häufig der Fall. In diesem Zusammenhang spricht die Handlungsregulationstheorie auch von partialisierten Handlungen (Volpert, 1974b).

Arbeitshandeln und Persönlichkeitsentwicklung

Der Begriff der vollständigen Arbeitsaufgabe ist ein zentraler Begriff der Arbeitspsychologie. Das Merkmal der Vollständigkeit bezieht sich auf die Arbeitshandlungen, die für die Bewältigung der Aufgabe erforderlich

Vollständige Arbeitsaufgabe

Sequenzielle und
hierarchische
Vollständigkeit

sind. Vollständigkeit kann sich dabei einerseits auf den Handlungszyklus beziehen (sequenzielle Vollständigkeit), andererseits auf den Einsatz der verschiedenen Regulationsebenen (hierarchische Vollständigkeit). Eine Handlung ist sequenziell vollständig, wenn in ihr der gesamte Handlungszyklus abgedeckt ist, d. h. es kommt sowohl zu Zielbildungs-, Planungs- und Ausführungsprozessen als auch zu Kontrollprozessen.

Beispiel

Im Falle unserer Elektrikerin würde eine Arbeitshandlung als sequenziell vollständig bezeichnet werden, wenn sie die in den obigen Beispielen dargestellten Prozesse Zielbildung, Planung, Ausführung und Kontrolle durchläuft. Sequenziell unvollständig wäre dagegen die Handlung eines Auszubildenden, der von der Elektrikerin die Anweisung bekommt, an einer gegebenen Stelle Löcher zu bohren (nur Ausführung).

Eine Handlung ist hierarchisch oder heterarchisch vollständig, wenn die verschiedenen Regulationsebenen zum Einsatz kommen, d. h. nicht nur die sensumotorische Regulationsebene, sondern auch höhere Ebenen, wie die intellektuelle Regulationsebene. In vielen Formen der Fließbandarbeit oder bei einfachen Dateneingaben besteht die Aufgabe der Arbeitenden nur in der Ausführung einfacher sensumotorischer Operationen (z. B. eine Schraube nach links drehen; ein Teilprodukt montieren, vorgegebene Zahlen eintippen). Höhere Regulationsebenen sind nicht beteiligt. Komplexere Planungen und selbst die Kontrolle des Ergebnisses werden von Vorgesetzten oder Kolleginnen vorgenommen. Wenn aufgrund solcher Arbeitsteilungen nur untere Regulationsebenen angesprochen werden, sprechen wir von einer partialisierten Handlung. Partialisierte Handlungen können deshalb ein Problem sein, weil die Beschäftigten keine Möglichkeit mehr haben, ihre Fähigkeiten einzusetzen. Die Folgen dieser Formen von Arbeitsteilung können Demotivierung und Kompetenzverlust (vgl. die „Disuse"-Hypothese in Kapitel 2) sein.

Aufgabe

Können Sie sich an eigene Tätigkeiten erinnern, die nur einzelne Regulationsebenen erfordert haben oder die nur Ausführungsprozesse beinhalteten? Wie haben Sie diese partialisierten Tätigkeiten wahrgenommen?

Welche Regulationsebenen in einer Arbeitstätigkeit angesprochen werden und welche Handlungsphasen ein Arbeitender bewältigt, ist von der spezifischen Gestaltung der Arbeitsaufgabe abhängig. Die Arbeitsaufgabe ist damit von zentraler Bedeutung für die Arbeitspsychologie. Mit den in der Arbeitsaufgabe enthaltenen Regulationserfordernissen und den verfügbaren Möglichkeiten zur Handlungsregulation sind Folgen für die

Arbeitenden verbunden. Vollständige Aufgaben mit hohen Regulationser- fordernissen tragen zur Persönlichkeitsentwicklung des Arbeitenden bei.

Für die Arbeitsgestaltung ist zu berücksichtigen, dass es auch innerhalb der gleichen Tätigkeit verschiedene Möglichkeiten gibt, diese arbeitsteilig zu organisieren. Diese Möglichkeiten sind jeweils mit unterschiedlichen Regulationserfordernissen für die Beschäftigten verbunden. Nach der Handlungsregulationstheorie sollte die Arbeitsteilung so gestaltet sein, dass die einzelnen Beschäftigten möglichst komplexe Aufgaben erhalten, die durch vollständige Handlungen bewältigt werden können. Schauen wir auf das Beispiel unserer Elektrikerin.

Arbeitsteilung und Arbeitsgestaltung

Beispiel

Andrea hat Glück. Ihr werden von ihrer Chefin weitgehende Freiheiten und Handlungsspielräume eingeräumt. Sie kommt morgens in den Betrieb und erhält eine Liste an Aufträgen, die sie für den Tag abarbeiten muss. Für jeden Auftrag gibt es eine grobe Beschreibung dessen, was bei der Kundin gemacht werden soll. Diese wurde von der Bürokraft oder der Chefin bei der Auftrags- abklärung mit der Kundin erstellt. Ausgehend von der Liste muss sich And- rea überlegen, wann sie zu welchen Kundinnen fährt, welche Materialien sie mitnehmen muss. Vor Ort überlegt sie gegebenenfalls gemeinsam mit den Kundinnen, wie der genauere Ablauf der Arbeiten aussehen soll. Sie führt dann die Arbeiten durch und überprüft anschließend gemeinsam mit der Kundin das Ergebnis, bevor sie sich auf den Weg zur nächsten Kundin macht. Von einer Kollegin aus einem anderen Betrieb weiß sie, dass es auch anders gehen kann. In diesem Elektrobetrieb fährt die Chefin mit ihr zu jeder Baustelle und gibt dann vor Ort bis ins Detail genaue Anweisungen („Fräse an dieser Stelle einen Kabelkanal in die Wand!"). Nach Ausführung aller Arbeiten muss sie den Wagen wieder einräumen, während die Chefin dann ohne sie die gemachten Arbeiten überprüft.

Wir haben nun erfahren, dass es nach der Handlungsregulationstheorie wichtig ist, hierarchisch und sequenziell vollständige Aufgaben zu schaf- fen, damit die Arbeitenden über vollständige Handlungen ihre Persön- lichkeit entwickeln können. Die Gestaltung von Arbeitstätigkeiten wurde in Kapitel 1 als die Hauptaufgabe der Arbeitspsychologie dargestellt. Vollständige Handlungen sind mit Denkanforderungen verbunden und erfüllen so das grundsätzliche Kriterium humaner Arbeitsgestaltung, das in Kapitel 2 angesprochen wurde. Die Handlungsregulationstheorie impliziert ebenfalls, dass eine effektive Arbeitsleistung vor allem dann eingeschränkt wird, wenn situative Faktoren die erforderlichen Regulationsprozesse be- hindern (vgl. Semmer, 1984; Leitner, Volpert, Greiner, Weber & Hennes, 1987). Dies kann der Fall sein, wenn notwendige Informationen nicht vorliegen, Ziele unklar sind, es Probleme mit Maschinen oder Materialien gibt oder Stressoren der Arbeitsumgebung auf den Handelnden einwirken. Solche situativen Behinderungen führen zu unmittelbaren Verzögerungen

Regulations- behinderungen

des Arbeitsprozesses, etwa wenn eine Maschine defekt ist. Gleichzeitig erfordern sie auch zusätzliche Regulationskapazität, die für die eigentliche Aufgabenerfüllung nicht mehr zur Verfügung steht (Sonnentag & Frese, 2002). Neben der Einschränkung der Arbeitsleistung haben diese Behinderungen der Handlungsregulation auch negative affektive Folgen für den Arbeitenden, die langfristig psychosomatische Auswirkungen haben können (vgl. Oesterreich, 1998).

Aufgabe

Versuchen Sie sich an eigene Tätigkeiten zu erinnern, die durch zahlreiche Behinderungen gekennzeichnet waren (z. B. viele Arbeitsunterbrechungen, fehlendes oder mangelhaftes Arbeitsmaterial, fehlende Zielklärung). Wie haben Sie sich bei solchen Tätigkeiten gefühlt?

Zusammenfassung

In diesem Kapitel ging es um die Analyse des Arbeitshandelns und um die psychischen Vorgänge, die das Handeln begleiten. Nach der Handlungsregulationstheorie besteht Handeln aus ineinander verschachtelten zyklischen Einheiten mit den Phasen Zielbildung, Plan, Ausführung und Kontrolle. Die einzelnen zyklischen Einheiten lassen sich in komplexere Handlungssysteme sequenziell und hierarchisch einordnen. Handlungen unterscheiden sich in ihrer Komplexität. Die Handlungsregulationstheorie unterscheidet verschiedene Ebenen der Handlungsregulation, die unterschiedliche geistige Anforderungen an die Handelnden stellen. Vollständige Aufgaben erfordern von den Handelnden, dass sie einerseits alle vier Phasen des Handlungsprozesses bewältigen (sequenzielle Vollständigkeit), andererseits alle Ebenen der Handlungsregulation betroffen sind (hierarchische Vollständigkeit).

Die Handlungsregulationstheorie geht davon aus, dass Menschen ihre Persönlichkeit durch das Handeln entwickeln, indem sie sequenziell und hierarchisch vollständige Aufgaben bewältigen. Hieraus lassen sich Kriterien für die Arbeitsgestaltung ableiten: Um eine möglichst hohe Persönlichkeitsförderlichkeit der Arbeit zu gewährleisten, sollten die Aufgaben, die Arbeitenden gestellt werden, hierarchisch und sequenziell möglichst vollständig sein. Wenn Arbeitshandeln dagegen vor allem auf den unteren Ebenen reguliert wird, wenn Planungs- und Kontrollprozesse kaum möglich sind, dann kann dies zu Demotivierung und Kompetenzverlust führen. Auch Behinderungen der Handlungsregulation durch situative Bedingungen wie z. B. fehlende Informationen, unklare Zielstellungen sollten vermieden werden. Mit ihnen sind nicht nur Beeinträchtigungen der Arbeitsleistung verbunden, sondern auch Befindensbeeinträchtigungen der Beschäftigten.

Hacker, W. (1986). *Arbeitspsychologie. Psychische Regulation von Arbeitstätigkeiten.* Bern: Huber.

Hacker, W. (2010). Psychische Regulation von Arbeitstätigkeiten. In U. Kleinbeck & K.-H. Schmidt (Hrsg.), *Arbeitspsychologie* (Enzyklopädie der Psychologie, Serie Wirtschafts-, Organisations- und Arbeitspsychologie, Bd. 1, S. 4–37). Göttingen: Hogrefe.

Volpert, W. (2003). *Wie wir handeln – was wir können: Ein Disput als Einführung in die Handlungspsychologie.* Sottrum: artefact.

Weiterführende Literatur

Reflexionsaufgaben

1. Benennen Sie wesentliche Merkmale des Handelns.
2. Welche Regulationsebenen können unterschieden werden; warum ist diese Unterscheidung wichtig?
3. Was ist der Unterschied zwischen hierarchischer und sequenzieller Vollständigkeit?
4. Was ist unter einer vollständigen Aufgabe zu verstehen?

Kapitel 4
Berufswahl und Laufbahnentwicklung

Sylvie Vincent und Eva Bamberg

Inhaltsübersicht

4.1   Einleitung

Wir befassen uns in diesem Kapitel mit den Themen Berufswahl und berufliche Laufbahnentwicklung. Dabei betrachten wir zum einen klassische Konzepte zur Berufswahl sowie Prozesse und Einflussfaktoren, die bei der Berufswahl eine zentrale Rolle spielen. Da stabile Berufswege in der heutigen Zeit immer seltener werden, wenden wir uns zum anderen neueren Konzepten der Laufbahnentwicklung zu, in denen der Fokus auf individuellen Laufbahnformen liegt.

Aufgabe

Was will ich später einmal werden? Versuchen Sie sich zu erinnern, wann Sie sich diese Frage zum ersten Mal gestellt haben und wie Sie sie zu unterschiedlichen Zeitpunkten in Ihrem Leben beantwortet haben.

In Kapitel 2 wurde bereits auf die horizontale und vertikale Verteilung der Arbeit zwischen den Geschlechtern eingegangen. Die Darstellung und Erklärung geschlechtsspezifischer Unterschiede bei der Berufswahl wird in diesem Kapitel ausführlich behandelt und an unterschiedlichen Stellen immer wieder aufgegriffen.

4.2   Geschlechtsspezifische Berufswahl

Horizontale Arbeitsteilung

Die horizontale geschlechtsspezifische Arbeitsteilung betrifft unterschiedliche Tätigkeiten, die Frauen und Männer ausüben. Bei einer Befragung von ca. 2200 Hauptschülerinnen und Hauptschülern zu ihren Berufswünschen zeigen sich deutlich geschlechtsspezifische Unterschiede (Hofmann-Lun, 2005). Die Top 3 der Berufswünsche der Hauptschülerinnen (1: Arzthelferin, 2: Einzelhandelskauffrau, 3: Friseurin) werden von mehr als einem Drittel der Mädchen genannt, während die Top 3 der Berufswünsche der Hauptschüler (1: Maler/Lackierer, 2: Mechatroniker/Systemelektroniker, 3: Industriemechaniker) von etwa einem Viertel der Jungen genannt werden. Während die Jungen aus einem breiteren Berufsspektrum auswählen, konzentrieren sich die Mädchen auf weniger Ausbildungsberufe, die zudem auch weniger Aufstiegsmöglichkeiten bieten. Die geschlechtsspezifische Arbeitsteilung ist demnach mit ungleichen Karrieremöglichkeiten und Chancen für Frauen und Männer verknüpft.

Geschlechtsspezifische Berufswünsche

Bei den tatsächlich ausgeübten Ausbildungsberufen zeigt sich, dass sich Frauen eher auf kommunikative oder soziale Berufe konzentrieren, wie z. B. Bürokauffrau oder Arzthelferin, während Männer eher technikbezogene Berufe wählen, wie z. B. Kraftfahrzeugmechatroniker oder Industriemechaniker (vgl. Abb. 10). Allgemein kann man feststellen, dass Frauen in technisch-naturwissenschaftlichen Branchen und Berufsfeldern stark unterrepräsentiert sind (vgl. Schuster, Sülzle, Winker & Wolffram, 2004).

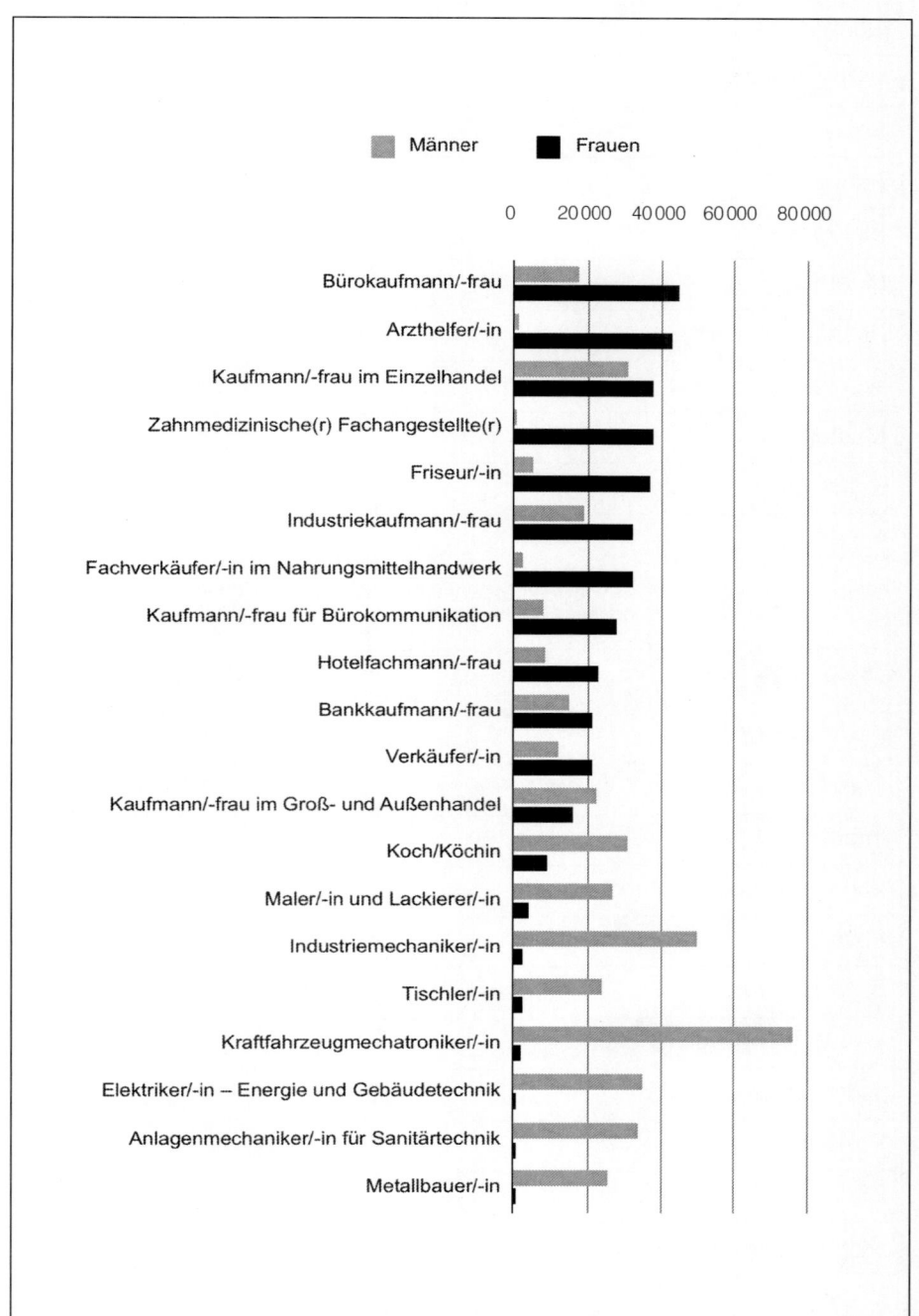

Abbildung 10: Die häufigsten Berufe der Auszubildenden 2004
(Statistisches Bundesamt, 2006, S. 19)

Ein ähnliches Phänomen zeigt sich bereits bei der Wahl des Studienfaches. Studentinnen sind überproportional in Sprach- und Sozialwissenschaften vertreten, während Studienfächer wie Elektrotechnik und Maschinenbau männlich dominiert sind (vgl. Tab. 1 und 2).

Tabelle 1: Fächerwahl der Studienanfängerinnen im Wintersemester 2004/ 05 (Statistisches Bundesamt, 2006, S. 22)

Studienfach	Studienanfängerinnen in %
Germanistik	78
Pädagogik	78
Sozialwesen	77
Anglistik	73
Biologie	65
Medizin	63
Rechtswissenschaften	52
Architektur	52
Mathematik	52
Betriebswirtschaftslehre	48

Tabelle 2: Fächerwahl der Studienanfängerinnen im Wintersemester 2004/ 05 (Statistisches Bundesamt, 2006, S. 22)

Studienfach	Studienanfänger in %
Elektrotechnik	90
Maschinenbau	89
Informatik	83
Wirtschaftsingenieurwesen	79
Physik	78
Bauingenieurwesen	75
Wirtschaftswissenschaften	60
Volkswirtschaftslehre	60
Politikwissenschaften	57
Chemie	53
Betriebswirtschaftslehre	52

Vertikale Arbeitsteilung

Die vertikale geschlechtsspezifische Arbeitsteilung beschreibt das Phänomen, dass Frauen in Führungspositionen durchgängig weniger präsent sind (Holst & Wiemer, 2010; Hoppenstedt, 2010) – und dies auch bei einer im Vergleich zu Männern besseren Leistung in Schule und Studium (Ramm & Bargel, 2005). Vor allem in technisch-naturwissenschaftlichen Branchen und Berufsfeldern ist der berufliche Erfolg von Akademikerinnen, trotz gleich guter Qualifikationen, deutlich niedriger als der von Akademikern (Haffner, Könekamp & Kreis, 2006). Betrachtet man beispielsweise den Anteil von Frauen in den verschiedenen Stadien der akademischen Laufbahn, so ist eine vertikale Arbeitsteilung deutlich erkennbar (vgl. Abb. 11; vgl. auch Abb. 4 in Kapitel 2).

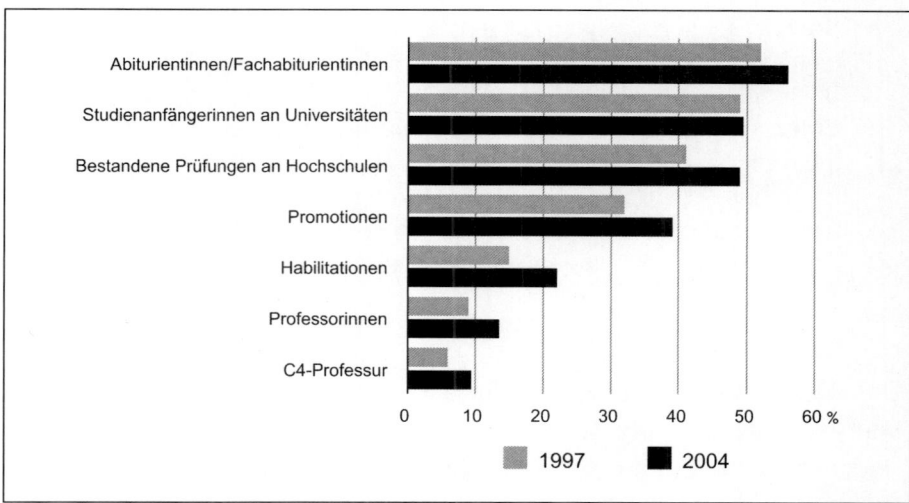

Abbildung 11: Anteil der Frauen in verschiedenen Stadien der akademischen Laufbahn (Statistisches Bundesamt, 2006, S. 21)

Obwohl bei den studienberechtigten Schulabgängerinnen und Schulabgängern mit Fachhochschul- oder Hochschulreife im Jahr 2004 die Frauen noch mit einem Anteil von über 50 % vorne lagen, nimmt der Anteil von Frauen auf den höheren Hierarchieebenen in der akademischen Laufbahn stark ab. Wie lassen sich diese Unterschiede in der geschlechtstypischen Berufswahl und Laufbahnentwicklung erklären? Um diese Frage beantworten zu können, werden wir uns zunächst drei Modelle zur Erklärung von Berufswahl und Laufbahnentwicklung genauer anschauen: (1) das Berufswahlmodell von Holland, (2) das Modell der Laufbahnentwicklung von Super und (3) das Modell der Lebensplanung in Beruf und Privatleben von Abele.

4.3 Das Berufswahlmodell von Holland

Die bereits in den 1960er Jahren formulierte Theorie beruflicher Interessen von John L. Holland (1997) hat einen differentialpsychologischen Ansatz. Nach Holland stellen (berufliche) Interessen einen wichtigen Aspekt bzw. eine wesentliche Äußerungsform der Persönlichkeit dar. Holland unterscheidet sechs Persönlichkeits- bzw. Interessenstypen, die im nachfolgenden Kasten dargestellt werden.

Sechs Interessenstypen

Sechs Persönlichkeitstypen nach Holland (1997)

- **Realistic:** Der realistische Typ bevorzugt handwerklich-technische Tätigkeiten und arbeitet gerne mit Werkzeugen und Maschinen (Berufe: z. B. Schlosserin, Bauingenieurin).

- **Investigative:** Der forschende Typ vertieft sich gerne in geistige oder naturwissenschaftliche Probleme und zeichnet sich durch analytisches und methodisches Vorgehen aus (Beruf: z. B. Wissenschaftlerin).
- **Artistic:** Der künstlerische Typ präferiert expressive, gestalterische und kreative Tätigkeiten (Berufe: z. B. Goldschmiedin, Musikerin).
- **Social:** Der soziale Typ hilft gerne anderen Personen und favorisiert Situationen, die durch soziale Interaktion gekennzeichnet sind (Berufe: z. B. Barkeeperin, Krankenschwester).
- **Enterprising:** Der unternehmerische Typ hat eine ausgeprägte Führungsmotivation und bevorzugt Tätigkeiten in wirtschaftlichen oder finanziellen Bereichen (Berufe: z. B. Vertreterin, Managerin).
- **Conventional:** Der konventionelle Typ zeigt eine Bevorzugung für ordnende und verwaltende Tätigkeiten (Berufe: z. B. Buchhalterin, Juristin).

Das Modell weist eine sechseckige Struktur auf, bei der die jeweiligen Interessenstypen mehr oder weniger dicht beieinander liegen bzw. mehr oder weniger in Zusammenhang stehen (vgl. Abb. 12).

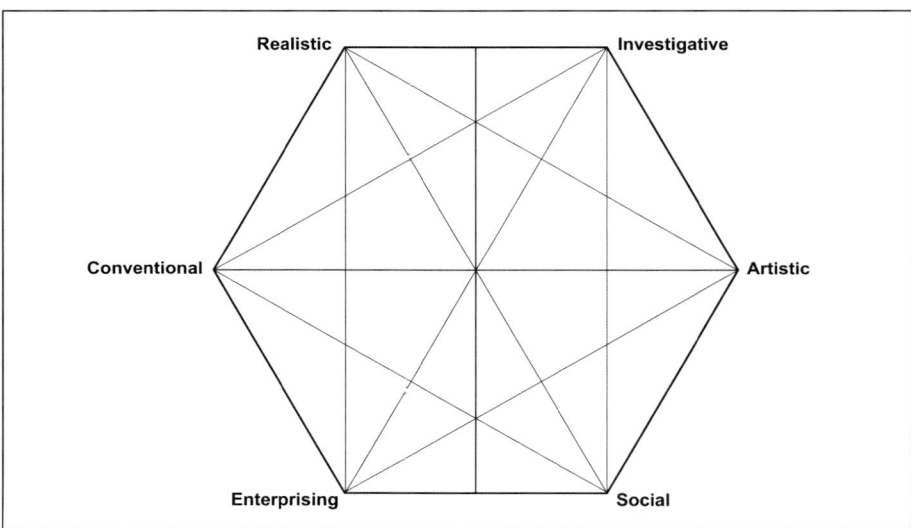

Abbildung 12:   Das hexagonale Modell von Holland (1997)

Grundlegend für diese Theorie ist, dass sich nicht nur Menschen, sondern auch berufliche Umwelten entsprechend typisieren lassen. Des Weiteren wird davon ausgegangen, dass Personen nach einer ihren Persönlichkeits- bzw. Interessensorientierungen entsprechenden oder zumindest ähnlichen Umwelt streben, die es ihnen ermöglicht, ihre Fertigkeiten und Fähigkeiten einzusetzen und ihre Einstellungen und Werte zu verwirklichen. Bei der Berufswahl ist die Passung zwischen Individuum und Umwelt zu berücksichtigen. Diese Passung oder Kongruenz zwischen individueller Orientierung und Charakteristika der beruflichen Umwelt beeinflusst positiv Arbeitszufriedenheit, beruflichen Erfolg und Stabilität der Karriereentwicklung.

Passung zwischen Individuum und Umwelt

Das Modell von Holland ist auch heute noch relevant. Es gibt eine Reihe von Instrumenten, die auf der Grundlage dieses Konzeptes entwickelt wurden und eine Orientierung bei der Berufswahl ermöglichen. Ein Beispiel ist das Fragebogenverfahren EXPLORIX (als jüngste Übersetzung und Überarbeitung des Self-Directed-Search von Holland, 1994; vgl. Jörin, Stoll, Bergmann & Eder, 2003). Das Verfahren findet im Allgemeinen hohe Akzeptanz. Allerdings wird angemerkt, dass empirische Belege für die Vorhersagevalidität noch ausstehen (Muck, 2005).

Holland geht von statischen Persönlichkeitstypen und statischen Umweltmodellen aus, zwischen denen er kausale Beziehungen herstellt. Ein Kritikpunkt an dem Ansatz von Holland ist, dass Person und berufliche Umwelt als weitgehend unveränderlich und vor allem als unabhängig voneinander betrachtet werden (Moser & Schmook, 2001, S. 223). Veränderungen bei der Person, ein Wandel der Umwelt oder eine wechselseitige Einflussnahme im Prozess der beruflichen Laufbahnentwicklung werden nicht berücksichtigt.

4.4   Das Modell der Laufbahnentwicklung von Super

Anders als bei Holland wird im Modell der Laufbahnentwicklung von Donald Super (1953, 1957) eine entwicklungspsychologische Perspektive zugrunde gelegt. Dieser Ansatz bezieht sich nicht mehr ausschließlich auf die Berufswahl bzw. Berufsfindung, sondern auch auf den gesamten vorberuflichen und beruflichen Entwicklungsverlauf. Im Mittelpunkt der beruflichen Entwicklung steht die Entfaltung und Verwirklichung des Selbstkonzeptes. Das Bild, das eine Person von ihren Fähigkeiten, Wertorientierungen, Interessen und Zielen hat, beeinflusst maßgeblich die beruflichen Präferenzen und bestimmt damit die Berufsfindung, die berufliche Laufbahn und die spätere Arbeits- und Lebenszufriedenheit. Der Zusammenhang zwischen beruflicher Entwicklung und Selbstkonzept wird in den zehn Aussagen zusammengefasst, in denen Super (1953, S. 189 f.) seine Theorie der beruflichen Entwicklung verdeutlicht (vgl. Bamberg, 1996, S. 35 f.).

Selbstkonzept

Modell der beruflichen Entwicklung nach Super (1953)

1. Personen unterscheiden sich in ihren Fähigkeiten, Interessen und in ihrer Persönlichkeit.
2. Aufgrund dieser Charakteristika sind sie für bestimmte Berufe gut geeignet.
3. Jeder Beruf erfordert bestimmte Fähigkeiten, Interessen und Persönlichkeitseigenschaften.
4. Berufswahl ist ein kontinuierlicher Prozess. Berufliche Präferenzen und Kompetenzen, die Lebens- und Arbeitssituation von Personen und damit auch ihr Selbstkonzept ändern sich im Laufe der Zeit und durch Erfahrung.

5. Dieser Prozess kann in fünf Lebensphasen beschrieben werden: Wachstum (4. bis ca. 14. Lebensjahr), Exploration (ca. 14. bis 24. Lebensjahr), Verfestigung (ca. 25. bis 44. Lebensjahr), Erhalt (ca. 45. bis 65. Lebensjahr) sowie Abbau (über 65. Lebensjahr). In diesem Kontext spielt das Konzept der „Berufs-reife" eine zentrale Rolle, die sich auf die erfolgreiche Bewältigung phasenspezifischer Entwicklungsaufgaben und damit verknüpfter beruflicher Entscheidungen bezieht (Super, Savickas & Super, 1996).

6. Die Berufslaufbahn wird beeinflusst durch sozioökonomische Bedingungen, durch mentale Fähigkeiten, durch Persönlichkeitsmerkmale und durch die Möglichkeiten von Individuen.

7. Der Prozess der beruflichen Entwicklung kann unterstützt werden.

8. Berufliche Entwicklung bedeutet die Entwicklung eines Selbstkonzeptes. Diese Entwicklung ist ein Prozess, bei dem ein Kompromiss gebildet wird zwischen personalen Voraussetzungen, gegebenen Möglichkeiten und antizipativer Einschätzung der Resultate.

9. Dieser Prozess der Kompromissbildung kann als Rollenspiel angesehen werden, das auf unterschiedlichen Bühnen stattfindet: in der Phantasie, im realen Leben etc.

10. Arbeits- und Lebenszufriedenheit sind davon abhängig, inwieweit Individuen über Tätigkeitsfelder verfügen, die ihren Fähigkeiten, Werten, Interessen und Persönlichkeitseigenschaften entsprechen.

Kritik: Orientierung an „Normalbiografie"

Trotz zunehmender Differenzierungen und Erweiterungen ist das Modell von Super an einer Art „Normalbiografie" mit einer stabilen Laufbahn orientiert und eher auf die Laufbahnentwicklung von Männern bezogen, wie die meisten Modelle zur Berufswahl; es werden keine Brüche oder „Aussetzer" z. B. aufgrund von Familienarbeit berücksichtigt. Die zukünftig vermehrt zu erwartenden diskontinuierlichen und mehrgleisigen Erwerbsbiografien haben vielfältige Differenzierungen des Modells zur Folge. Wenn jedoch mehr Ausnahmen als Regelfälle auftreten, wird der Nutzen des Modells als Basis für Berufs- und Laufbahnberatung eingeschränkt (Hohner, 2006, S. 30).

4.5   Das Modell der Lebensplanung in Beruf und Privatleben von Abele

Ein neuerer Ansatz ist das Modell der Lebensplanung in Beruf und Privatleben von Andrea Abele (2002, 2003). Es bezieht sich auf die berufliche Entwicklung nach der Berufsausbildung und besitzt eine handlungspsychologische Perspektive. Es besteht aus zwei Teilmodellen, dem Modell der Lebensplanung in Beruf und Privatleben und dem Modell des doppelten Einflusses von Geschlecht auf berufsbezogene Prozesse.

In dem Modell wird grundsätzlich zwischen personenbezogenen und umweltbezogenen Einflussfaktoren unterschieden (vgl. Abb. 13). Sie werden als Determinanten von Erwartungen und Zielen, Handeln (d. h. Aktivitäten zur Zielerreichung) und Handlungsergebnissen (z. B. Erfolg, Zufriedenheit, Wohlbefinden) betrachtet. Die Umweltbedingungen werden in förderliche und hinderliche Bedingungen für die Zielerreichung im privaten und beruflichen Umfeld unterteilt. Zu den personenbezogenen Merkmalen gehören soziodemografische Variablen (insbesondere Geschlecht), Eigenschaften, Motive, Fähigkeiten und Fertigkeiten, Interessen und Einstellungen sowie das Selbstkonzept (insbesondere das geschlechtsrollenbezogene Selbstkonzept). Das Geschlecht wird damit nicht nur biologisch determiniert, sondern auch als soziales und psychologisches Merkmal aufgefasst, das die Wahrnehmung beeinflusst und Auswirkungen auf das berufsbezogene Handeln hat. Empirisch konnte gezeigt werden, dass das Selbstkonzept sowohl Erwartungen und Ziele beeinflusst, als auch eine direkte Wirkung auf das Handeln hat (Abele-Brehm & Stief, 2004). Dieses Modell ermöglicht somit eine differenzierte Betrachtung von Geschlechterunterschieden bei der beruflichen Laufbahnentwicklung und berücksichtigt auch die Diskontinuität von Erwerbsbiografien.

Personenbezogene und umweltbezogene Einflussfaktoren

Geschlechtsrollenbezogenes Selbstkonzept

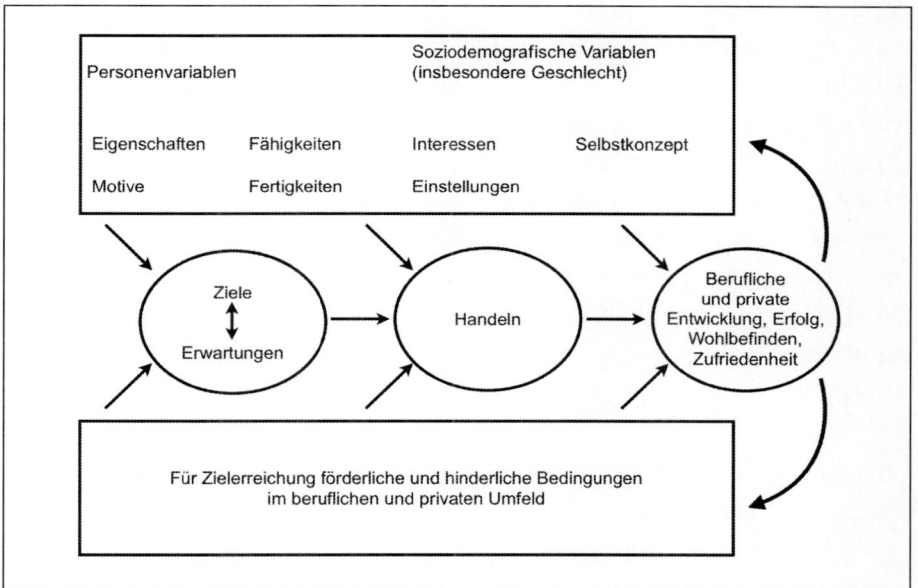

Abbildung 13: Modell der Lebensplanung in Beruf und Privatleben von Abele (2002)

4.6 Prozesse und Einflussfaktoren bei der Berufswahl

Die Ansätze von Holland, Super und Abele verweisen auf eine Reihe von Prozessen und Einflussfaktoren bei der Berufswahl, die im Folgenden betrachtet werden. Zwei zentrale Wirkmechanismen im Rahmen dieser Prozesse sind die „Selektion" und die „Sozialisation". Selektion beschreibt die Auswahl einer Person für eine bestimmte Tätigkeit, einen Beruf oder für eine Organisation. Die Auswahl erfolgt sowohl seitens der Organisation (Fremdselektion) als auch durch das Individuum selbst (Selbstselektion). Sozialisation beschreibt die Anpassung einer Person an eine Tätigkeit und

Selektion und Sozialisation

eine Organisation. Die (Arbeits-)Tätigkeit prägt den Menschen z. B. durch Aneignung von Werten, Verhaltensstilen und Qualifikationen.

Personen- und bedingungs- bezogene Merkmale

Grundsätzlich lassen sich bei der Berufswahl die verschiedenen Einfluss- faktoren in zwei Bereiche einteilen:

- „Personenbezogene Merkmale", die sich auf die Voraussetzungen der Person beziehen, wie z. B. Fähigkeiten, Begabungen/Talente, Interes- sen und Werte.
- „Bedingungsbezogene Merkmale", die an die äußeren Gegebenheiten geknüpft sind, wie z. B. branchenspezifische Arbeitsmarktlage und spezifische Bildungsangebote.

Im Folgenden werden wir verschiedene Prozesse genauer betrachten, in denen die oben genannten Wirkmechanismen und Merkmale mit unter- schiedlicher Gewichtung im Vordergrund stehen.

Berufswahl als Zuordnung

Selektion durch den Arbeitsmarkt

Da die Berufswahl von ökonomischen und sozialstrukturellen Rahmen- bedingungen abhängig ist, wird die Berufswahl als Zuordnung angese- hen. Ausschlaggebende Einflussfaktoren für die Entscheidung für einen bestimmten Beruf sind beispielsweise der Arbeitsmarkt, regionale Be- dingungen, Schichtzugehörigkeit und Ausbildungsmöglichkeiten. Von Kritikern wird deshalb hervorgehoben, dass für viele Personen die Wahl- möglichkeiten sehr stark eingeschränkt seien und Berufs„wahl" somit ein unpassender Begriff sei. Auch geschlechtstypische Berufswahl könnte nach diesem Ansatz erklärt werden: Mädchen und Frauen stehen andere Ausbildungsmöglichkeiten und Berufsmöglichkeiten offen als Jungen und Männern. Nach diesem Ansatz findet eine **Selektion** durch den Arbeits- markt oder durch Institutionen statt.

Berufswahl als Entwicklungs- prozess

In früheren Ansätzen zur Berufswahl wurde (z. B. von Super) besonders betont, die Berufswahl als „Entwicklungsprozess" zu verstehen. Die Per- spektive der Entwicklung kommt darin zum Ausdruck, dass Berufswün- sche mit zunehmendem Kindes- und Jugendalter immer realistischer werden. Im Extremfall reicht dies vom Traumberuf bis zur Anpassung an das unmittelbar Mögliche. Heinz, Krüger, Rettke, Wachtveitl und Witzel (1987) fassen dies für Hauptschüler unter dem Titel „Hauptsache eine Lehrstelle", als Motiv am Ende des Entwicklungsprozesses, zusammen. Geschlechtstypische Unterschiede werden nach diesem Konzept damit erklärt, dass im Rahmen der Sozialisation unterschiedliche Interessen, Werte und berufliche Ziele entwickelt werden. Sozialisationsprozesse sind nach diesem Konzept von besonderer Bedeutung, aber auch (Selbst-) Selektionsprozesse spielen eine Rolle.

Berufswahl als Problemlöse- prozess

Die Berufswahl wird weiterhin als (rationaler) „Problemlöseprozess" ver- standen. Hier steht im Vordergrund, wie die einzelnen Prozesse (Orien- tierung, Exploration, Lösungsfindung, Entscheidung und Evaluation der

Entscheidung) erfolgen. Wichtige Aspekte sind hierbei das Abwägen der individuellen Voraussetzungen (Werte, Interessen, Qualifikation etc.) gegenüber den „äußeren" Möglichkeiten. Geschlechtstypische Differenzen könnten hier z. B. über geschlechtstypisch differierendes Orientierungsverhalten sowie über geschlechtstypische Differenzen bei Werten und Zielen, erklärt werden. Nach diesem Konzept findet eine Selbstselektion durch die Beteiligten statt.

Ferner stellen Kracke und Schmitt-Rodermund (2001) bei der Berufswahl den „Prozess der Exploration" in den Mittelpunkt. Grotevant (1987) definiert die Identitätsexploration als ein Problemlöseverhalten mit dem Ziel, Informationen über sich selbst oder seine Umgebung zu entlocken, um Entscheidungen über eine wichtige (Lebens-)Wahl zu treffen. Diese generelle Idee kann auf jede Lebensdomäne angewendet werden. Bezogen auf die Domäne Beruf stellt die Berufsfindung ein Problemlöseverhalten dar mit der Intention, interne oder externe Informationen zu erhalten, um zu wählen, sich vorzubereiten, in das Berufsleben einzutreten und beruflich vorwärtszukommen. In der Adoleszenz meint die Berufsexploration, dass Individuen ihre Interessen und Fähigkeiten identifizieren müssen, diese mit den Arbeitsmarktmöglichkeiten abwägen und eine Berufspräferenz entwickeln. Man unterscheidet drei Aspekte der Exploration:

Berufswahl als Explorationsprozess

- internale Exploration (Reflexion der eigenen Interessen, Fähigkeiten, Erfahrungen),
- externale Exploration (Gespräche mit anderen, Lesen von Informationsbroschüren, Besuche von Jobmessen),
- Planfülle der Exploration (Systematik und Zielgerichtetheit bei der Informationssuche).

Aufgabe

Stellen Sie sich vor, Sie würden Jugendliche bei ihrer Berufsfindung beraten. Welches Vorgehen würden Sie Jugendlichen empfehlen, um Informationen im Rahmen der persönlichen Berufsfindung zu erhalten? Bitte beachten Sie dabei die drei Aspekte der Exploration.

Man geht davon aus, dass persönliche Werte und Visionen bei der Berufswahl eine wichtige Rolle spielen. Es kann angenommen werden, dass Berufswünsche vor dem Hintergrund individueller Werte oder Visionen entstehen, wie folgendes Zitat illustriert:

Werte und Visionen

> Willst du ein Schiff bauen, so rufe nicht die Menschen zusammen, um Pläne zu machen, Arbeit zu verteilen, Werkzeuge zu holen und Holz zu schlagen, sondern lehre sie die Sehnsucht nach dem endlosen weiten Meer (Antoine de Saint-Exupéry: Der kleine Prinz, 1943).

Wenn Werte als Einflussfaktoren der Berufswahl diskutiert werden, dann stellen sich zwei Fragen:

1. Welchen (Stellen-)Wert hat die Arbeit im individuellen Wertesystem?
2. Welche Werthaltungen spielen bei der Berufswahl eine besondere Rolle?

Stellenwert der Arbeit im individuellen Wertesystem

Wir wollen uns zunächst mit der Bedeutung der Arbeit im individuellen Wertesystem beschäftigten: Unmittelbar plausibel ist, dass übergeordnete Werte unser Wertesystem, unsere Motive und unser Handeln und damit auch die Berufswahl und berufliches Engagement bestimmen. Es gibt eine Reihe von Studien, die die subjektive Wichtigkeit des Berufs im Vergleich zu anderen Lebensbereichen untersuchen (vgl. Ruiz Quintanilla, 1991). Aufgrund der zuvor beschriebenen geschlechtstypischen Arbeitsteilung könnte man nun annehmen, dass es hinsichtlich der Familie und der Arbeit als Wert geschlechtstypische Differenzen gäbe. Eine Hypothese könnte lauten: Mädchen ist die Arbeit an sich weniger wichtig als Jungen; ihnen sind eher Familie und andere Lebensziele wichtig. Die Ergebnisse hierzu sind sehr inkonsistent. Wenn überhaupt über Differenzen berichtet wird, so sind sie gering (Bamberg, 1996).

Werthaltungen

Zur Beantwortung der zweiten Frage, welche beruflich relevanten Werthaltungen besonders gewichtet werden, liegen mehrere Untersuchungen vor. In diesen Untersuchungen werden verschiedene Dimensionen bzw. Werthaltungen getrennt, wie etwa materielle, intellektuelle, künstlerische und altruistische Orientierung (Seifert & Bergmann, 1983). Verschiedene Untersuchungen weisen darauf hin, dass Werthaltungen in Zusammenhang mit Studienwahl und Berufstätigkeit stehen. Beispielsweise wählen materiell orientierte Personen eher wirtschaftswissenschaftliche bzw. kaufmännische Berufe (Bundesministerium für Bildung und Forschung, 2006). In einer Längsschnittuntersuchung konnten sowohl Selektionseffekte – bezogen auf die Berufswahl aufgrund einer Wertestruktur – als auch Sozialisationseffekte – wie die Entwicklung von Werten durch die Berufstätigkeit – nachgewiesen werden (Nerdinger, Rosenstiel, Spieß & Stengel, 1988).

Über die geschlechtstypisch horizontal differierende Arbeitsteilung haben wir bereits gesprochen. Nun stellt sich die Frage: Können geschlechtstypische Unterschiede bei der Berufswahl auf geschlechtstypische Unterschiede bei beruflichen Werten zurückgeführt werden? Bei beruflichen Werten werden geschlechtstypische Differenzen immer wieder propagiert. Es gibt einige Untersuchungen, die darauf hinweisen, dass materielle Orientierung bei männlichen Befragten, soziale Orientierung und Orientierung an Arbeitsinhalten bei weiblichen Befragten von größerer Bedeutung sei. Die Unterschiede sind jedoch eher schwach ausgeprägt und haben sich über die Zeit hinweg stark verringert (vgl. Pollmann-Schult, 2009).

Ist dies ein weiterer Widerspruch zur geschlechtstypischen Berufswahl? Woher kommen dann die Unterschiede? In den bislang genannten Untersuchungen werden berufliche Werte relativ allgemein erfasst (Beispielitem: „Aufstiegschancen sind mir wichtig."). Eine andere Untersuchungsstrategie ist, konkretes Verhalten, Pläne oder Absichten zu erfragen (Beispielitem: „Könntest du dir vorstellen, deine berufliche Tätigkeit aufgrund von familiären Anforderungen zu reduzieren?"). Hier ergeben sich durchaus geschlechtstypische Differenzen (Bamberg, 1996). Frauen planen, stärker als Männer, die Reduzierung der Arbeitstätigkeit aufgrund der Familienplanung ein (Abele, 2005).

Geschlechtsspezifische Unterschiede

Fazit

Geschlechtstypische Berufswahl erfolgt weniger aufgrund von Unterschieden in Werten, sondern vor allem aufgrund geschlechtstypisch differierender Pläne bzw. Verhaltensabsichten. Diese Pläne spiegeln die Möglichkeiten und Anforderungen wider, mit denen sich die Geschlechtsgruppen konfrontiert sehen, und stellen somit eine Reflexion der gesellschaftlichen Arbeitsteilung dar. Daher ist es nicht verwunderlich, dass sich die Pläne von weiblichen Jugendlichen oder jungen Erwachsenen bedeutend häufiger auf Familien- oder Reproduktionsarbeit beziehen als die von männlichen Jugendlichen bzw. jungen Erwachsenen.

Das berufliche Selbstkonzept bezieht sich auf das Bild, das Personen über die eigenen Kompetenzen, Haltungen, Erwartungen, Interessen etc. im Hinblick auf die Berufswahl und die Ausübung des Berufes haben. Bereits Super (1953, 1957) hebt die Bedeutung des (beruflichen) Selbstkonzeptes für die Berufswahl hervor. Berufswahl und berufliche Entwicklung ist die Entwicklung eines beruflichen Selbstkonzeptes: Die eigenen Wünsche, Interessen, Prioritäten werden der Realität (den Möglichkeiten, Gegebenheiten) gegenübergestellt und angepasst. Geschlechtstypische Berufswahl ist mit einer geschlechtstypisch differierenden Selbstbeschreibung verbunden. In der Literatur wird immer wieder darauf verwiesen, dass sich Männer stärker als Frauen mit „instrumentellen" Merkmalen (z. B. konkurrierend, durchsetzungsfähig) beschreiben. Frauen charakterisieren sich dagegen als „expressiver" (z. B. hilfsbereit, sozial-emotional unterstützend). Dabei gilt: Je ausgeprägter die geschlechtstypische Selbstbeschreibung ist, desto ausgeprägter ist die geschlechtstypische Berufswahl; d.h. je expressiver sich Frauen beschreiben, desto mehr neigen sie zu einer „typisch weiblichen" Berufswahl (z. B. Hannover, 1997).

Geschlechtsbezogenes Selbstkonzept

Im Token-Ansatz von Kanter (1977) werden zentrale Aspekte der Minderheitensituation von Frauen in männlich dominierten Bereichen thematisiert. Nach Kanter erhöht der Token-Status Stereotypisierung, Aufmerksamkeit, Sichtbarkeit und Polarisierung in der Organisation. Sie betont, dass Frauen aufgrund des Minderheitenstatus in einer Männerdomäne besonders sichtbar sind und somit verstärkt beobachtet und bewertet werden. Dies hat widersprüchliche Anforderungen an die Frauen zur Folge. Einerseits

Geschlechtsbezogenes Selbstkonzept

Token

schafft die erhöhte Sichtbarkeit Leistungsdruck, andererseits werden Frauen darum bemüht sein, überdurchschnittliche Leistungen nicht hervorzuheben, um Konkurrenzängste und Abwehrreaktionen der Männer zu vermeiden. Bei den Token, d. h. den Angehörigen von Minderheiten in Gruppen, führt der Status dazu, dass sie versuchen, sich eher unsichtbar zu machen und ihre Leistung zu verbergen, was für die Karriereentwicklung und die Erschließung von Führungspositionen hinderlich ist. Der Token-Status dient als ein Erklärungsansatz für die Unterrepräsentanz von Frauen in Führungspositionen und bezieht sich damit primär auf den Prozess der Laufbahnentwicklung.

4.7 Laufbahnentwicklung und Flexibilisierung der Arbeit

Die gegenwärtige flexibilisierte, globale Arbeitswelt hat Veränderungen in den beruflichen Entwicklungen zur Folge, die mit den traditionellen Berufswahlkonzepten und Laufbahntheorien nicht mehr erklärt werden können. Beschäftigungsverhältnisse sind weniger langfristig, es gibt weniger Hierarchien und demzufolge weniger Aufstiegsmöglichkeiten. Damit haben sich auch Inhalte des psychologischen Vertrags, d. h. der gegenseitigen Erwartungen und wahrgenommenen Verpflichtungen, verändert, und auch die Bindung an Unternehmen nimmt ab.

Eine Reihe von Ansätzen der „new career" greifen diese Veränderungen auf und berücksichtigen, dass sich berufliche Laufbahnen zunehmend außerhalb des organisationalen Rahmens entwickeln. Ein Großteil der Ansätze zur new career thematisiert in diesem Kontext die Verschiebung der Verantwortung für die berufliche Laufbahn von der Organisation auf die Person. Einen Überblick über die Konzepte zur new career gibt Gasteiger (2007). Ein zentrales Konzept im Rahmen der New-career-Ansätze ist die „proteische Laufbahnorientierung", auf die im Folgenden eingegangen wird.

Der Begriff Proteische Laufbahn wurde 1976 von Hall eingeführt. In Anlehnung an die proteische Persönlichkeit nach Rifkin (2000) wird ein neuer menschlicher Archetypus beschrieben, der sich durch eine extreme Anpassungsfähigkeit und Flexibilität auszeichnet (nach Proteus, dem wandlungsfähigen Meeresgott). Bei der proteischen Laufbahn handelt es sich um einen langfristigen Entwicklungsprozess, der von dem Individuum gelenkt wird. In diesem Prozess übernimmt die Person die „Verantwortung für ihre berufliche Laufbahn und gestaltet diese autonom auf Basis ihrer persönlichen Werte und einer ganzheitlichen Lebensperspektive, anstatt sich auf die Organisation zu verlassen und sich an deren Belohnungen zu orientieren" (Gasteiger, 2007, S. 54 f.).

Bei der beruflichen Laufbahnentwicklung wird insbesondere die Förderung von zwei Metakompetenzen hervorgehoben: Anpassungsfähigkeit und Verständnis von sich selbst. Von diesen Metakompetenzen wird angenommen, dass sie Personen befähigen, aus eigenen Erfahrungen zu lernen und selbstständig andere Kompetenzen zu entwickeln. Das Konstrukt der proteischen Laufbahn beinhaltet eine selbstverantwortliche und eine wertegeleitete Orientierung. Die Selbstverantwortung bezeichnet die Proaktivität einer Person bezüglich der Gestaltung ihrer beruflichen Laufbahn. Wertegeleitete Orientierung beschreibt die Orientierung des laufbahnbezogenen Verhaltens an inneren Werten und subjektivem beruflichen Erfolg – im Kontrast zum Streben nach ranghierarchischem Aufstieg und objektivem Berufserfolg. Kernwerte sind hierbei Freiheit und persönliches Wachstum.

Selbstverantwortliche Laufbahnentwicklung

Aufgabe

Die Wahl des „richtigen" Berufes ist eine zentrale und kontinuierliche Entwicklungsaufgabe in unserem Leben. Die folgende Übung soll Sie dabei unterstützen, Ihre beruflichen Ziele zu reflektieren:

1. Formulieren Sie Ihre beruflichen Ziele.
2. Nehmen Sie eine Priorisierung der Ziele vor und wählen Sie Ihr wichtigstes Ziel aus.
3. Stufen Sie die Klarheit des Ziels auf einer Skala von 1 (Ziel ist absolut diffus und unkonkret) bis 10 (Ziel ist absolut klar und konkret).
4. Wenn der Skalenwert <10 ist: Was müsste passieren, damit das Ziel klarer wird? Was können Sie aktiv dafür tun?
5. Wie hoch schätzen Sie Aufwand, Wille und Zuversicht in Bezug auf die Realisierung Ihres Zieles jeweils auf einer Skala von 1 (extrem gering) bis 10 (extrem hoch) ein?
6. Was sind die konkreten nächsten Schritte (1, 2, 3, …), die Sie einleiten müssten, um das Ziel zu erreichen?
7. Zeichnen Sie nun in einen Zeitstrahl die Meilensteine ein, die auf dem Weg Ihrer Zielerreichung liegen. Benennen Sie sie und geben Sie eine zeitliche Einschätzung.

4.8 Konsequenzen für laufbahnbezogene Interventionen

Laufbahnbezogene Interventionen werden seit vielen Jahren entwickelt (vgl. Prideaux, Creed, Müller & Patton, 2000). Sie beinhalten sowohl beratende Elemente als auch die Vermittlung von laufbahnbezogenen Kompetenzen zur erfolgreichen Gestaltung der beruflichen Entwicklung. „Career education" gewann zu Beginn der 1970er Jahre an Bedeutung, als es darum ging, Ausbildung und Laufbahnentwicklung miteinander zu verbinden.

Die Inhalte von laufbahnbezogenen Interventionen beziehen sich auf die Vermittlung von:
• Kenntnissen über die Arbeitswelt: z. B. Berufe, Handlungsfelder und Möglichkeiten in den verschiedenen Berufen, berufliche Anforderun-

Inhalte laufbahnbezogener Interventionen

gen, Organisationen, Branchen, Entwicklung der Arbeit;
- Kenntnissen über die eigene Person: z. B. Fähigkeiten, Kompetenzen, Interessen, Haltungen, Einstellungen, persönliche Ziele, Karriereerwartungen, Entwicklungsperspektiven;
- Kenntnissen und Kompetenzen hinsichtlich laufbahnbezogenem Verhalten: z. B. Vorgehen bei der Informationssuche, Kontaktaufnahme mit Firmen, Bewerbung, Netzwerken.

Die Tatsache, dass berufliche Laufbahnen heutzutage wesentlich komplexer und schlechter vorhersagbar sind und die Erwartungen an einen flexiblen Wechsel des Berufs sehr viel höher sind als früher, stellt neue Anforderungen an laufbahnbezogene Interventionen. Ein wichtiger Bestandteil ist die Stärkung der Kompetenz zur eigenverantwortlichen Gestaltung des beruflichen Lebenslaufes.

> **Aufgabe**
>
> Fabian hat schon häufiger mit dem Gedanken gespielt, seinen Job zu wechseln. Was können Sie als Psychologin tun, um ihn bei seiner Laufbahnentwicklung zu unterstützen?

Entwicklung von Selbstwirksamkeit

Ein zentrales neueres Konzept im Rahmen laufbahnbezogener Interventionen ist nach Prideaux et al. (2000) die „Social Cognitive Career Theory". Im Mittelpunkt steht hierbei die Selbstwirksamkeit. Neben den oben beschriebenen Inhalten sollten laufbahnbezogene Interventionen vor allem darauf abzielen, die Entwicklung von Selbstwirksamkeit zu unterstützen. Dies verweist darauf, dass Informationsvermittlung – die etwa im Rahmen von Berufsberatung stattfindet – zwar durchaus wichtig ist, dass ein entscheidender Aspekt jedoch ist, sich selbst hinsichtlich unterschiedlichster Inhalte zu erproben. Bei der Bewerbung kann es darum gehen, das eigene Bewerbungsverhalten zu testen, bei Praktika darum, berufliche Tätigkeiten, aber auch eigene Interessen zu erproben.

In einer umfassenden Längsschnittstudie mit Hochschulabsolventinnen und -absolventen konnte gezeigt werden, dass die berufliche Selbstwirksamkeitserwartung der bedeutsamste Prädiktor von subjektivem und objektivem Berufserfolg ist (Abele-Brehm & Stief, 2004). Personen mit hohen beruflichen Selbstwirksamkeitserwartungen waren nach 1,5 Jahren erfolgreicher im Beruf als solche mit niedrigen Selbstwirksamkeitserwartungen. Aus den Ergebnissen einer weiteren Längsschnittstudie mit 166 Jugendlichen geht hervor, dass die Selbstwirksamkeit und frühe Arbeitserfahrungen zentrale Einflussfaktoren im Hinblick auf die Karriereplanung darstellen (Creed, Patton & Prideaux, 2007). In Untersuchungen von Hannover und Bettge (1993) zeigt sich, dass die Entwicklung technischer Interessen bei Mädchen positiv durch die Ermöglichung entsprechender Handlungserfahrungen beeinflusst wird. Zur Reduktion geschlechtstypi-

Reduktion geschlechtsspezifischer Unterschiede

scher Berufswahl sollten demnach vielfältige Möglichkeiten der Erfahrung, einschließlich Rückmeldung bei der Tätigkeit, geboten werden. Hierbei spielt die Realisierung von vollständigen Aufgaben eine zentrale Rolle, auf die wir bereits im Rahmen der Handlungsregulationstheorie in Kapitel 3 ausführlich eingegangen sind.

Zusammenfassung

In diesem Kapitel wurde der Frage nachgegangen, welche Faktoren und Prozesse einen Einfluss auf die Berufswahl und die berufliche Laufbahnentwicklung ausüben. Es wurden drei Modelle skizziert: das Berufswahlmodell von Holland mit einem differentialpsychologischen Ansatz, das Modell der Laufbahnentwicklung von Super mit einer entwicklungspsychologischen Perspektive und das Modell von Abele mit einer handlungspsychologischen Orientierung. Zudem wurden unterschiedliche Einflussprozesse in Zusammenhang mit der Berufswahl thematisiert. Ein besonderes Augenmerk lag auf der Darstellung und Erklärung geschlechtsspezifischer Unterschiede. In diesem Zusammenhang wurde auf die Bedeutung individueller Werte und Verhaltensabsichten, des (beruflichen) Selbstkonzeptes sowie des Token-Ansatzes eingegangen. Ansätze der „new career", die individuelle Laufbahnformen außerhalb der Organisation betrachten, wurden als Ergänzung der traditionellen Laufbahntheorien dargestellt. Näher betrachtet wurde in diesem Kontext das Konzept der proteischen Laufbahnorientierung, bei der die Person ihre Laufbahn selbst aufgrund ihrer Werte gestaltet und sich selbst Standards setzt, an denen sich (subjektiver) beruflicher Erfolg bemisst. Als zentrales Element laufbahnbezogener Interventionen wurde die berufliche Selbstwirksamkeit hervorgehoben.

Weiterführende Literatur

Gasteiger, R. M. (2007). *Selbstverantwortliches Laufbahnmanagement: Das proteische Erfolgskonzept.* Göttingen: Hogrefe.

Hannover, B. & Bettge, S. (1993). *Mädchen und Technik.* Göttingen: Hogrefe.

Hohner, H.-U. (2006). *Laufbahnberatung. Wege zur erfolgreichen Berufs- und Lebensgestaltung.* Bern: Huber.

Reflexionsaufgaben

1. Welche Prozesse und Einflussfaktoren sind bei der Berufswahl von Bedeutung?
2. Worin unterscheidet sich das Modell der Laufbahnentwicklung von Super von dem Berufswahlmodell von Holland?
3. Nennen Sie Befunde zu geschlechtstypischen Differenzen bei der Berufswahl.
4. Was sind Charakteristika der proteischen Laufbahnentwicklung?

Ausblick

Der zweite Fernlehrbrief widmet sich den folgenden Themen: Arbeitssicherheit, Auswirkungen der Arbeit auf die Gesundheit, Emotionen bei
der Arbeit, Work-Life-Balance und Flexibilisierung der Arbeit. Das erste
Kapitel beschäftigt sich mit der Fragestellung, wie durch psychologische
Maßnahmen die Zahl an Arbeitsunfällen verringert werden kann. Hierzu
werden einige sicherheitsbezogene Instrumente und Methoden für Inter-
ventionsmaßnahmen vorgestellt, u. a. das ganzheitliche Management
des Arbeits- und Gesundheitsschutzes (GAMAGS). Im zweiten Kapitel
geht es um die Auswirkungen der Arbeitstätigkeit auf Gesundheit und
Wohlbefinden. Einige Zahlen zu Fehlzeiten und zu Erwerbsminderung, die
als Indikatoren von arbeitsbedingten Beeinträchtigungen angenommen
werden, sollen die Relevanz des Themas verdeutlichen. Das dritte Kapitel
erörtert die Regulierung von Emotionen in beruflichen Interaktionen. Ein
Ziel ist hier, das komplexe Verständnis von Emotionsarbeit mit all seinen Dimensionen darzustellen. Im vierten Kapitel wird Work-Life-Balance
als vielschichtiger Themenbereich vorgestellt. Abschließend werden die
Bedeutung der Arbeitszeit, verschiedene Arbeitszeitmodelle sowie die
Funktionen und Rolle von Arbeitspausen erörtert.

Anhang

Literatur

Abele, A. E. (2002). Ein Modell und empirische Befunde zu beruflicher Laufbahnentwicklung unter besonderer Berücksichtigung des Geschlechtsvergleichs. *Psychologische Rundschau, 53* (3), 109–118.

Abele, A. E. (2003). Beruf – kein Problem, Karriere – schon schwieriger: Berufslaufbahnen von Akademikerinnen und Akademikern im Vergleich. In A. Abele, E.-H. Hoff & U.-U. Hohner (Hrsg.), *Frauen und Männer in akademischen Professionen. Berufsverläufe und Berufserfolg* (S.157–182). Heidelberg: Asanger.

Abele, A. E. (2005). Ziele, Selbstkonzept und Work-Life-Balance bei der längerfristigen Lebensgestaltung: Befunde der Erlanger Längsschnittstudie BELA-E mit Akademikerinnen und Akademikern. *Zeitschrift für Arbeits- und Organisationspsychologie, 49* (4), 176–186.

Abele-Brehm, A. E. & Stief, M. (2004). Die Prognose des Berufserfolgs von Hochschulabsolventinnen und -absolventen. *Zeitschrift für Arbeits- und Organisationspsychologie, 48* (22), 4–16.

Argyris, C. (1964). *Integrating the individual and the organization.* New York: Wiley.

Arvey, R., Harpaz, I. & Hui, L. (2001). *Work centrality and post award work behavior of lottery winners.* Unpublished manuscript, University of Minnesota.

Bamberg, E. (1996). *Wenn ich ein Junge wär'...* Göttingen: Hogrefe.

Berkowitz, B. & Green, R. F. (1965). Changes with intellect with age. V. Differential changes as functions of time interval and original score. *Journal of Genetic Psychology, 53,* 179–192.

Bundesagentur für Arbeit (2007b). Gesellschafts- und Sozialwissenschaften. Informationen für Akademiker. Verfügbar unter: http://www.uni-erfurt.de/fileadmin/user-docs/PT_Thumfart/bbz-gesellschafts-sozialwissenschaften.pdf

Bundesministerium für Bildung und Forschung (Hrsg.). (2006). *Das Studium der Betriebswirtschaftslehre. Eine Fachmonographie aus studentischer Sicht.* Verfügbar unter http://www.bmbf.de/pub/studium_der_betriebswirtschaftlehre.pdf [29.4.2010].

Conze, W. (2004). Arbeit. In O. Brunner, W. Conze & R. Koselleck (Hrsg.), *Geschichtliche Grundbegriffe. Historisches Lexikon zur politisch-sozialen Sprache in Deutschland* (S. 154–215). Stuttgart: Klett-Cotta.

Creed, A., Patton, W. & Prideaux, L.-A. (2007). Predicting change over time in career planning and career exploration for high school students. *Journal of Adolescence, 30* (3), 377–392.

De Saint-Exupéry, A. (1943). *Der kleine Prinz.* New York: Reynal & Hitchcock.

Dunckel, H., Volpert, W., Zölch, M., Kreutner, U., Pleiss, C. & Hennes, K. (1993). *Kontrastive Aufgabenanalyse im Büro – Der KABA-Leitfaden (Handbuch und Arbeitsblätter).* Stuttgart: Teubner.

Flanagan, J. C. (1954). The critical incident technique. *Psychological Bulletin, 51* (4), 327–358.

Freyssinet, J. & Michon, F. (2003). Überstunden in Europa. Verfügbar unter http://www.eurofound.europa.eu/eiro/2003/02/study/tn0302102s.htm [9.11.2009].

Gasteiger, R. M. (2007). *Selbstverantwortliches Laufbahnmanagement: Das proteische Erfolgskonzept.* Göttingen: Hogrefe.

Geuter, U. (1984). *Die Professionalisierung der deutschen Psychologie im Nationalsozialismus.* Frankfurt am Main: Suhrkamp.

Gilbreth, F. B. (1911). *Motion study. A method for increasing the efficiency of the workman.* New York: Sturgis and Walton.

Gilbreth, F. B. & Gilbreth Carey, E. (1950). *Im Dutzend billiger.* Berlin: Blanvalet.

Gilbreth, L. M. (1914). *The psychology of management. The function of the mind in determining, teaching, and installing methods of least waste.* New York: Sturgis and Walton.

Graumann, C. F. (Hrsg.). (1985). *Psychologie im Nationalsozialismus.* Berlin: Springer.

Greif, S. (1983). *Konzepte der Organisationspsychologie. Eine Einführung in grundlegende theoretische Ansätze.* Bern: Huber.

Greif, S. (2007). Geschichte der Organisationspsychologie. In H. Schuler (Hrsg.), *Lehrbuch Organisationspsychologie* (4. Aufl., S. 21–57). Bern: Huber.

Greif, S., Bamberg, E. & Semmer, N. K. (Hrsg.). (1991). *Psychischer Stress am Arbeitsplatz.* Göttingen: Hogrefe.

Grotevant, H. D. (1987). Toward a process model of identity formation. *Journal of Adolescent Research, 2,* 203–222.

Guthke, J. (1996). Wilhelm Wundt. Der Gründer des ersten psychologischen Instituts der Welt. In V. Hauschild (Hrsg.), *Die großen Leipziger. 26 Annäherungen* (S. 284–302). Frankfurt am Main: Insel.

Hacker, W. (1978). *Allgemeine Arbeits- und Ingenieurspsychologie. Psychische Struktur und Regulation von Arbeitstätigkeit* (2., überarbeitete Aufl.) Bern: Huber. (1. Aufl. erschienen 1973)

Hacker, W. (1986). *Arbeitspsychologie. Psychische Regulation von Arbeitstätigkeiten.* Bern: Huber.

Hacker, W. (1998). *Allgemeine Arbeitspsychologie. Psychische Regulation von Arbeitstätigkeiten.* Bern: Huber.

Hacker, W. (1999). Regulation und Struktur von Arbeitstätigkeiten. In C. Graf Hoyos & D. Frey (Hrsg.), *Arbeits- und Organisationspsychologie. Ein Lehrbuch* (S. 385–397). Weinheim: Psychologie Verlags Union.

Hacker, W. (2009). *Arbeitsgegenstand Mensch: Psychologie dialogisch-interaktiver Erwerbsarbeit.* Lengerich: Pabst.

Hacker, W. (2010). Psychische Regulation von Arbeitstätigkeiten. In U. Kleinbeck & K.-H. Schmidt (Hrsg.), *Arbeitspsychologie* (Enzyklopädie der Psychologie, Serie Wirtschafts-, Organisations- und Arbeitspsychologie, Bd. 1, S. 4–37). Göttingen: Hogrefe.

Haffner, Y., Könekamp, B. & Krais, B. (2006). *Arbeitswelt in Bewegung. Chancengleichheit in technischen und naturwissenschaftlichen Berufen als Impuls für Unternehmen.* Verfügbar unter www.bmbf.de/pub/arbeitswelt_in_bewegung.pdf [18.8.2009].

Hall, D. T. (1976). *Careers in organizations.* Glenview, IL: Scott, Foresman.

Hannover, B. (1997). Zur Entwicklung des geschlechtsrollenbezogenen Selbstkonzepts: Der Einfluss „maskuliner" und „femininer Tätigkeiten" auf die Selbstbeschreibung mit instrumentellen und expressiven Personeneigenschaften. *Zeitschrift für Sozialpsychologie, 28,* 60–75.

Hannover, B. & Bettge, S. (1993). *Mädchen und Technik.* Göttingen: Hogrefe.

Harpaz, I. (2002). Expressing a wish to continue or stop working as related to the meaning of work. *European Journal of Work and Organizational Psychology, 11* (2), 177–198.

Heinz, W., Krüger, H., Rettke, U., Wachtveitl, E. & Witzel, A. (1987). *Hauptsache eine Lehrstelle. Jugendliche vor den Hürden des Arbeitsmarktes.* Weinheim: Deutscher Studienverlag.

Herzberg, F., Mausner, B. & Snyderman, B. (1959). *The Motivation to work.* New York: Wiley.

Hinz, T. & Gartner, H. (2005). Geschlechtsspezifische Lohnunterschiede in Branchen, Berufen und Betrieben. *Zeitschrift für Soziologie, 34* (1), 22–39.

Hofmann-Lun, I. (2005). *Hauptschülerinnen und Hauptschüler im Übergang Schule – Beruf. Ergebnisse einer Längsschnittuntersuchung.* Deutsches Jugendinstitut München, Forschungsschwerpunkt Übergänge in Arbeit. Präsentation Tagung „Chancen für Schulmüde", Leipzig, 16. September 2005. Verfügbar unter http://www.dji.de/dasdji/thema/0510/hofmann.pdf [18.8.2009].

Hohner, H.-U. (2006). *Laufbahnberatung. Wege zur erfolgreichen Berufs- und Lebensgestaltung.* Bern: Huber.

Holland, J. L. (1994). *The self-directed search (SDS)* (4th ed.). Odessa, FL: Psychological Assessment Ressources.

Holland, J. L. (1997). *Making vocational choices: A theory of vocational personalities and work environments* (3rd ed.). Odessa, FL: Psychological Assessment Ressources.

Holst, E., Busch, A., Fietze, S., Schäfer, A., Schmidt, T., Tobsch, V. & Tucci, I. (2009). *Führungskräftemonitor 2001–2006* (Forschungsreihe des Bundesministeriums für Familie, Senioren, Frauen und Jugend, Bd. 2, 2. Aufl.). Baden-Baden: Nomos.

Holst, E. & Wiemer, A. (2010). *Frauen in Spitzengremien großer Unternehmen weiterhin massiv unterrepräsentiert.* Berlin: Deutsches Institut für Wirtschaftsforschung.

Hoppenstedt (2010). *„Frauen in Führungspositionen": Frauenanteil im Management steigt weiter? An der Spitze sind Frauen aber weiterhin rar.* Darmstadt: Hoppenstedt.

Jörin, S., Stoll, F., Bergmann, C. & Eder, F. (2003). EXPLORIX – *Das Werkzeug zur Berufswahl und Laufbahnplanung.* Bern: Huber.

Kanning, U. P. & Staufenbiel, T. (2012). *Organisationspsychologie.* Göttingen: Hogrefe.

Kanter, R. M. (1977). *Men and women of the corporation.* New York: Basic Books.

Kracke, B. & Englich, B. (1996). Vorbereitung auf die Professur? Erfahrungen von studentischen Hilfskräften am Arbeitsplatz Universität. In B. Kracke & W. Wild (Hrsg.), *Arbeitsplatz Hochschule* (S. 47–96). Heidelberg: Mattes Verlag.

Kracke, B. & Schmitt-Rodermund, E. (2001). Adolescents' Career exploration in the context of educational and occupational transitions. In J. E. Nurmi (Ed.), *Navigating through adolescence. European perspectives* (pp. 141–168). New York: Routledge Falmer.

Kraepelin, E. (1896). *Zur Hygiene der Arbeit* (Neue Heidelberger Jahrbücher, Bd. 6). Jena: Fischer.

Kraepelin, E. (1902). Die Arbeitskurve. *Philosophische Studien, 19,* 459–507.

Landy, F. J. (1997). Early influences on the development of industrial and organizational psychology. *Journal of Applied Psychology, 82* (4), 467–477.

Leitner, K., Lüders, E., Greiner, B., Ducki, A., Niedermeier, R. & Volpert, W. (1993). *Analyse psychischer Anforderungen und Belastungen in der Büroarbeit – das RHIA/VERA-Büro-Verfahren.* Göttingen: Hogrefe.

Leitner, K., Volpert, W., Greiner, B., Weber, W. G. & Hennes, K. (1987). *Analyse psychischer Belastung in der Arbeit. Das RHIA-Verfahren.* Köln: TÜV-Rheinland.

Leontjew, A. N. (1982). *Tätigkeit, Bewußtsein, Persönlichkeit* (7. Aufl.). Köln: Pahl-Rugenstein.

Lewin, K. (1920). Die Sozialisierung des Taylor-Systems. *Schriftenreihe Praktischer Sozialismus, 4,* 3–36.

Lück, H. E. (2004). Geschichte der Organisationspsychologie. In H. Schuler (Hrsg.), *Organisationspsychologie. Grundlagen und Personalpsychologie* (S. 17–72). Göttingen: Hogrefe.

Marbe, K. (1926). *Praktische Psychologie der Unfälle und Betriebsschäden.* Berlin: Oldenbourg.

Maslow, A. (1954). *Motivation and personality.* New York: Harper & Row.

Mayo, E. (1930). The human effect of mechanization. *Papers and Proceedings of the 42nd Annual Meeting of the American Economic Association, 20* (1), 156–176.

Mayo, E. (1933). *Human problems of an industrial civilization.* New York: Macmillan.

McGregor, D. (1960). *The human side of enterprise.* New York: McGraw-Hill.

Miller, G. A., Galanter, E. & Pribram, K. H. (1960). *Plans and the structure of behavior.* New York: Holt.

Moldaschl, M. & Weber, W. G. (1998). The „three waves" of industrial group work. Historical reflections on current research on group work. *Human Relations, 51,* 347– 388.

Moser, K. & Schmook, R. (2001). Berufliche und organisationale Sozialisation. In H. Schuler (Hrsg.), *Lehrbuch der Personalpsychologie* (S. 216–241). Göttingen: Hogrefe.

Muchinsky, P. M. (2006). *Psychology applied to work. An introduction to industrial and organizational psychology* (8th ed.). Belmont, CA: Wadsworth.

Muck, P. M. (2005). EXPLORIX. Deutschsprachige Adaptation und Weiterentwicklung des Self-directed Search nach Holland. *Zeitschrift für Personalpsychologie, 4* (1), 39–46.

Münsterberg, H. (1916). *Psychologie und Wirtschaftsleben. Ein Beitrag zur angewandten Experimentalpsychologie* (3., unveränderte Aufl.). Leipzig: Johann Ambrosius Barth.

Münsterberg, H. (1997). *Psychologie und Wirtschaftsleben* (Neudruck). Weinheim: Psychologie Verlags Union.

Nerdinger, F. W., Rosenstiel, L. von, Spieß, E. & Stengel, M. (1988). Selektion und Sozialisation potentieller Führungskräfte im Zeichen gesellschaftlichen Wertwandels. *Zeitschrift für Arbeits- und Organisationspsychologie, 32* (1), 22–33.

Neuberger, O. (1985). *Arbeit. Begriff – Gestaltung – Motivation – Zufriedenheit.* Stuttgart: Enke.

Neuendorff, H., Oberquelle, H., Ott, B. & Schlick, C. M. (Hrsg.). (2007). *Arbeitsgestaltung in der Netzwerkökonomie: Flexible Arbeit, Virtuelle Arbeit, Entgrenzte Arbeit.* Hohengehren: Schneider.

Oesterreich, R. (1981). *Handlungsregulation und Kontrolle.* München: Urban & Schwarzenberg.

Oesterreich, R. (1998). Die Bedeutung arbeitspsychologischer Konzepte der Handlungsregulationstheorie für die betriebliche Gesundheitsförderung. In E. Bamberg, A. Ducki & A.-M. Metz (Hrsg.), *Handbuch Betriebliche Gesundheitsförderung* (S. 75–94). Göttingen: Verlag für Angewandte Psychologie.

Pollmann-Schult, M. (2009). Geschlechterunterschiede in den Arbeitswerten: Eine Analyse für die alten Bundesländer 1980–2000. *Zeitschrift für Arbeitsmarktforschung, 42,* 140–154.

Prideaux, L.-A., Creed, P. A., Müller, J. & Patton, W. (2000). A review of career interventions from an educational perspective: Have investigations shed any light? *Swiss Journal of Psychology, 59* (4), 227–239.

Ramm, M. & Bargel, T. (2005). *Frauen im Studium. Langzeitstudie 1983–2004* (hrsg. vom Bundesministerium für Bildung und Forschung). Verfügbar unter http://www.bmbf.de/pub/frauen_im_studium_1983-2004. pdf [18.8.2009].

Reason, J. (1990). *Human error.* New York: Cambridge University Press.

Resch, M. (1999). *Arbeitsanalyse im Haushalt. Erhebung und Bewertung von Tätigkeiten außerhalb der Erwerbsarbeit mit dem AVAH-Verfahren.* Zürich: vdf Hochschulverlag.

Rifkin, J. (2000). *The age of access.* New York: Jeremy P. Tarcher/Putnam.

Roethlisberger, F. & Dickson, W. (1939). *Management and the Worker.* Cambridge, MA: Harvard University Press.

Rubinstein, S. L. (1977). *Grundlagen der allgemeinen Psychologie. Übersetzung aus dem Russischen* (9. Aufl.). Berlin: Volk und Wissen.

Ruiz Quintanilla, S. A. (1991). Work centrality and related Work Meanings. *Special Issue of the European Work and Organizational Psychologist, 1,* 2–3.

Schäfer, D. (2004). Unbezahlte Arbeit und Haushaltsproduktion im Zeitvergleich. In Statistisches Bundesamt (Hrsg.), *Alltag in Deutschland. Analyse zur Zeitverwendung* (Forum der Bundesstatistik, Bd. 43, S. 247–273). Wiesbaden: Statistisches Bundesamt.

Schein, E. H. (1980). *Organizational Psychology* (3rd ed.). Englewood Cliffs, NJ: Prentice Hall.

Schneider, H. (Hrsg.). (1980). *Geschichte der Arbeit. Vom Alten Ägypten bis zur Gegenwart.* Frankfurt am Main: Ullstein.

Schuster, M., Sülzle, A., Winker, G. & Wolffram, A. (2004). *Neue Wege in Technik und Naturwissenschaften: Zum Berufswahlverhalten von Mädchen und jungen Frauen.* Stuttgart: Wirtschaftsministerium Baden-Württemberg.

Seifert, K. H. & Bergmann, C. (1983). Deutschsprachige Adaptation des Work Values Inventory von Super: Ergebnisse bei Gymnasiasten und Berufstätigen. *Psychologie und Praxis, 27* (4), 160–172.

Semmer, N. K. (1984). *Streßbezogene Tätigkeitsanalyse: Psychologische Untersuchungen zur Analyse von Streß am Arbeitsplatz.* Weinheim: Beltz.

Sennett, R. (1998). *Der flexible Mensch. Die Kultur des neuen Kapitalismus.* Berlin: Berlin Verlag.

Sonnentag, S. & Frese, M. (2002). Performance Concepts and Performance Theory. In S. Sonnentag (Ed.), *Psychological Management of Individual Performance* (S. 3–25). New York: Wiley.

Statistisches Bundesamt (Hrsg.). (2003). *Wo bleibt die Zeit? Die Zeitverwendung der Bevölkerung in Deutschland 2001/02.* Verfügbar unter http://www.destatis.de/jetspeed/portal/cms/Sites/destatis/Internet/DE/ Presse/pm/frueher/wobleibtdiezeit,property=file.pdf [16.10.2009].

Statistisches Bundesamt (Hrsg.). (2006). *Im Blickpunkt: Frauen in Deutschland, 2006.* Verfügbar unter http:// www.destatis.de/jetspeed/portal/cms/Sites/destatis/Internet/ DE/Navigation/Publikationen/Querschnittsveroeffentlichungen/ImBlickpunkt.psml [18.8.2009].

Statistisches Bundesamt (2007a). *Stellung im Erwerbsleben, Erwerbspersonen mit und ohne Migrationshintergrund. Mikrozensus 2007.* Verfügbar unter https://www-genesis.destatis.de/genesis/online [7.1.2010].

Statistisches Bundesamt (2007b). *Vertikale Segregation am Beispiel Hochschule.* Verfügbar unter https://www-genesis.destatis.de/genesis/online [7.1.2010].

Strauss, A., Fagerhaugh, S., Suczek, B. & Wiener, C. (1980). Gefühlsarbeit: Ein Beitrag zur Arbeits- und Berufssoziologie. *Kölner Zeitschrift für Soziologie und Sozialpsychologie, 32* (4), 629–651.

Strohm, O. & Ulich, E. (1999). Ganzheitliche Betriebsanalyse unter Berücksichtigung von Mensch, Technik, Organisation (MTO-Analyse). In H. Dunckel (Hrsg.), *Handbuch psychologischer Arbeitsanalyseverfahren* (S.319–340). Zürich: vdf Hochschulverlag.

Super, D. E. (1953). A theory of vocational developement. *American Psychologist, 8,* 185– 190.

Super, D. E. (1957). *The psychology of careers: An introduction to vocational development.* New York: Harper & Brothers.

Super, D. E., Savickas, M. S. & Super, C. M. (1996). The life-span, life space approach to careers. In D. Brown, L. Brooks et al. (Eds.), *Career choice and development* (3rd ed., pp. 121–178). San Francisco, CA: Jossey-Bass.

Taylor, F. W. (1911). *Principles of scientific management.* New York: Harper.

Taylor, F. W. (1995). *Die Grundsätze wissenschaftlicher Betriebsführung.* Weinheim: Beltz.

Timpe, K.-P. (1984). Psychologie und Technik. *Zeitschrift für Psychologie, 192,* 245–265.

Ulich, E. (2005). *Arbeitspsychologie* (6. Aufl.). Stuttgart: Schäffer-Poeschel.

Volpert, W. (1974a). *Die „Humanisierung der Arbeit" und die Arbeitswissenschaft.* Köln: Pahl-Rugenstein.

Volpert, W. (1974b). *Handlungsstrukturanalyse als Beitrag zur Qualifikationsforschung.* Köln: Pahl-Rugenstein.

Volpert, W. (1987). Psychische Regulation von Arbeitstätigkeiten. In U. Kleinbeck & J. Rutenfranz (Hrsg.), *Arbeitspsychologie* (Enzyklopädie der Psychologie, Serie Wirtschafts-, Organisations- und Arbeitspsychologie, Bd. 1, S. 1–42). Göttingen: Hogrefe.

Volpert, W. (2003). *Wie wir handeln – was wir können. Ein Disput als Einführung in die Handlungspsychologie* (3. Aufl.). Sottrum: Artefact-Verlag.

Volpert, W., Oesterreich, R., Gablenz-Kolakovic, S., Krogoll, T. & Resch, M. (1983). *Verfahren zur Ermittlung von Regulationsanforderungen in der Arbeitstätigkeit (VERA).* Köln: Verlag TÜV Rheinland.

Weber, W. (1997). *Analyse von Gruppenarbeit – Kollektive Handlungsregulation in soziotechnischen Systemen.* Bern: Huber.

Wiendieck, G. (1999). Arbeitspsychologie. In H. E. Lück & R. Miller (Hrsg.), *Illustrierte Geschichte der Psychologie* (2. Aufl., S. 271–274). Weinheim: Beltz.

Wundt, W. (1874). *Grundzüge der physiologischen Psychologie, Bd. 1.* Leipzig: Wilhelm Engelmann.

Glossar

Aktiver Fehler

Aktive Fehler werden von Operateuren an der Mensch-Maschine-Schnitt- stelle begangen und haben eine unfallauslösende Wirkung. Da sie räum- lich und zeitlich begrenzt sind, sind aktive Fehler leichter zu identifizieren als latente Fehler.

Basale Fähigkeiten

Basale Fähigkeiten (basic capabilities) sind die an den Organismus ge- bundenen Fähigkeiten wie z. B. schnelle Reaktion, Wahrnehmung oder Kondition.

Career education

Career education beschreibt laufbahnbezogene Interventionen, welche die Vermittlung von Kenntnissen über die Arbeitswelt, Kenntnissen über die eigene Person sowie Kenntnissen und Kompetenzen bezüglich lauf- bahnbezogenem Verhalten (z. B. Bewerbung) zum Gegenstand haben.

Circadian-Rhythmus

Der Circadian-Rhythmus (circa-diem: ungefähr ein Tag) bezeichnet die endogenen (inneren) zyklisch ablaufenden Prozesse, wie etwa die Aus- schüttung bestimmter Hormone, die Körpertemperatur und damit ver- knüpfte Zustände der Wachheit und Leistungsfähigkeit.

Complex Man

„Complex Man" umfasst die Sichtweise auf den Menschen als von viel- fältigen und individuellen Bedürfnissen bestimmt. Als Konsequenz daraus ergibt sich beispielsweise die Notwendigkeit einer flexiblen Arbeitsgestal- tung, die auf unterschiedliche Bedürfnisse abgestimmt werden kann.

Critical Incident Technique

Die „Critical Incident Technique" (Flanagan, 1954) ist eines der bekann- testen teilstandardisierten, verhaltensorientierten Verfahren. Das Verfahren wurde zur Erhebung von Anforderungen komplexer Tätigkeiten entwickelt. Dabei wird zwischen kritischen Ereignissen und erfolgskritischem Verhal- ten unterschieden. Ein kritisches Ereignis ist eine Situation, in der effekti- ves oder ineffektives Verhalten zum Erfolg bzw. Misserfolg der betroffenen Person beiträgt.

Crossover-Effekt

Von Crossover-Effekten wird gesprochen, wenn es zu positiven oder ne- gativen Übertragungseffekten kommt. So kann der berufliche Stress einer Person zu einem erhöhten häuslichen Stresserleben der Partnerin führen.

Defizitmodell

Defizitmodelle des Alterns gehen von einem unumgänglichen Abbaupro- zess der wichtigsten Funktionen aus. Zu diesen Funktionen gehören phy- siologische Voraussetzungen wie Muskelkraft und kognitive Vorausset- zungen wie Intelligenz.

Display Rules

Display rules bezeichnen die von betrieblicher Seite definierten und ge- forderten Normen und Standards von Verhalten, die anzeigen, welche Gefühle in welcher Situation als angemessen gelten.

Drittvariable

Bei einer Drittvariable handelt es sich um eine Variable, die einen Einfluss auf die Höhe des Zusammenhanges zwischen zwei anderen Variablen ausübt.

Dual Career Couples

Als „Doppelkarrierepaare" werden Paare bezeichnet, bei denen beide Partner eine hohe Qualifikation und Berufsorientierung besitzen sowie eine eigenständige Berufslaufbahn verfolgen.

Economic Man

„Economic Man" umfasst die Sichtweise auf den Menschen als stets rational handelnd und überwiegend durch materielle Anreize motiviert. Dieses Menschenbild war prägend für den Ansatz der wissenschaftlichen Betriebsführung nach Taylor.

Emotional work

Emotional work bezeichnet die Auseinandersetzung und Regulation der eigenen Gefühle in Kundeninteraktionen. Strauss et al. (1980) unterscheiden diese Art der Gefühlsarbeit von sentimental work, das sich auf die Beeinflussung der Gefühle anderer bezieht.

Erwerbsarbeit

Erwerbsarbeit ist bezahlte Tätigkeit mit dem Ziel, den Lebensunterhalt zu finanzieren.

Erwerbslosenquote

Erwerbslosenquote ist ein synonymer Begriff für Arbeitslosenquote. Sie wird ermittelt aus dem Anteil der Erwerbslosen an der Gesamtzahl der zivilen erwerbsfähigen abhängigen Erwerbspersonen. In den Publikationen der Bundesanstalt für Arbeit und des Statistischen Bundesamts werden zwei Berechnungsmodi angegeben, die sich jeweils durch die Definition der Erwerbstätigen unterscheiden. Eine Quote bezieht sich auf alle zivilen Erwerbspersonen (abhängig Beschäftigte, Selbstständige und mithelfende Familienangehörige). Eine weitere Quote bezieht sich nur auf die abhängig und zivil Beschäftigten (sozialversicherungspflichtig Beschäftigte, geringfügig Beschäftigte, Beamtinnen).

Erwerbslosigkeit

Erwerbslosigkeit ist ein Synonym für Arbeitslosigkeit. Definition von Arbeitslosen nach dem Sozialgesetzbuch (SGB III, § 16): Arbeitslose sind Personen, die vorübergehend nicht in einem Beschäftigungsverhältnis stehen, eine versicherungspflichtige Beschäftigung suchen und dabei den Vermittlungsbemühungen der Agentur für Arbeit zur Verfügung stehen und sich bei der Agentur für Arbeit arbeitslos gemeldet haben. Teilnehmer an Maßnahmen der aktiven Arbeitsmarktpolitik gelten als nicht arbeitslos.

Freizeit

Freizeit ist jene Zeit, über die ohne Sachzwang individuell disponiert und nach persönlichen Wünschen verfügt werden kann. Diese ist abzugrenzen von der arbeitsgebundenen Freizeit, die sich auf Pausen, Wege- und Bereitschaftszeiten bezieht, und vom Konzept der Sozialzeit, das die Partizipation an der Erstellung gesellschaftlicher Strukturen beschreibt und weder eindeutig der Erwerbsarbeit noch der Freizeit zuzuordnen ist.

Generic Error Modeling System

Das „Generic Error Modeling System" ist ein kognitives Modell zu Fehlerprozessen nach Reason (1990), in dem drei Ebenen („levels") der Handlungssteuerung und damit auch der Fehlergenese unterschieden werden: die fertigkeitsbasierte („skill-based") Ebene, auf der Ausrutscher oder Versehen („slips") angesiedelt sind, die regelbasierte („rule-based") Ebene, auf der es zu Erkennens- oder Verwechslungsfehlern kommen kann, und die wissensbasierte („knowledge-based") Ebene, wo Denk- oder Urteilsfehler auftreten.

Geschlechts spezifische Arbeitsteilung

Geschlechtsspezifische Arbeitsteilung ist die Aufteilung des Arbeitsmarktes nach Geschlechtern. Dabei kann sowohl eine vertikale Segregation, d. h. ein deutlich geringerer Anteil von Frauen in (höheren) Führungspositionen, als auch eine horizontale Segregation beobachtet werden: Frauen und Männer arbeiten in unterschiedlichen Berufsfeldern („Frauen- und Männerberufe") bzw. bekommen auch auf derselben Hierarchieebene und in ähnlichen Tätigkeitsfeldern häufig unterschiedliche Aufgaben zugewiesen.

Handlung

Handlung ist eine zeitlich in sich geschlossene, auf ein Ziel gerichtete sowie inhaltlich und zeitlich gegliederte Einheit der Tätigkeit. Die Abgrenzung von Handlungen erfolgt durch das bewusste Ziel.

Handlungszyklus

Handlungszyklus ist die Abfolge der vier Handlungsphasen Zielbildung, Planung, Ausführung und Kontrolle. Nach der Handlungsregulationstheorie muss eine sequenziell vollständige Aufgabe die Bewältigung des gesamten Handlungszyklus erfordern.

Job enlargement

„Job enlargement" bedeutet die Erweiterung der Tätigkeit auf horizontaler Ebene. Zur ausgeführten Tätigkeit kommen weitere Aufgaben des gleichen Anspruchsniveaus hinzu. Ein Arbeitsplatz besteht somit aus mehreren Teiltätigkeiten.

Job enrichment

„Job enrichment" bedeutet die Erweiterung des Aufgabenspektrums durch Übertragung von Aufgaben mit mehr Anforderungen sowie Erhöhung der Verantwortung und Entscheidungsfreiheit der Beschäftigten. Aufgabenerweiterung findet auf hierarchischer Ebene statt.

Job rotation

„Job rotation" bedeutet das Prinzip des geplanten Arbeitsplatzwechsels. Mitarbeiterinnen rotieren Arbeitsplätze, die aus jeweils einer Teiltätigkeit der gleichen Anforderungsebene bestehen.

Langzeitarbeitslosigkeit

Zu den Langzeitarbeitslosen werden diejenigen gezählt, die bereits 12 Monate oder länger arbeitslos sind.

Latente Fehler

Latente Fehler sind Mängel im System wie etwa schlechtes Design, ungenügende Wartung, ungünstige oder unzureichende Personalausstattung. Die Beurteilung latenter Fehler erweist sich als schwierig, da sie zeitlich und räumlich oft weit entfernt von einem konkreten Unfallereignis liegen.

Moderatorvariable

Eine Moderatorvariable verändert die Stärke des Zusammenhangs zwischen zwei Variablen. Zur Prüfung von Moderationseffekten wird ein Interaktionsterm aus der unabhängigen Variable und der Moderatorvariable zusätzlich zu den Einzelvariablen in eine Regressionsanalyse eingeführt.

MTO-Analyse

Die MTO-Analyse ist ein Verfahren zur Mehrebenenanalyse. Sie verfolgt einen integrativen Ansatz von soziotechnischer Systemanalyse und psychologischer Arbeitsanalyse (Strohm & Ulich, 1999).

New career

Ansätze der „new career" greifen Veränderungen in der aktuellen flexibilisierten Arbeitswelt auf und berücksichtigen, dass sich berufliche Laufbahnen zunehmend außerhalb des organisationalen Rahmens entwickeln. Ein zentrales Element der Ansätze zur „new career" ist die Verschiebung der Verantwortung für die berufliche Laufbahn von der Organisation auf die Person.

Objektpsychotechnik

Die Objektpsychotechnik ist eine Richtung der Psychotechnik, die sich mit der Anpassung der Arbeitsmittel und Arbeitsbedingungen an den Menschen beschäftigt.

Partialisierung

Partialisierung von Handlungen bedeutet, dass Handelnde von einzelnen Regulationsebenen abgeschnitten sind. Je nachdem, welche Regulationsebene dies betrifft, ist die Partialisierung mehr oder weniger ausgeprägt. Eine partialisierte Handlung ist gleichzeitig auch eine unvollständige Handlung. Je mehr Regulationsebenen beim Handeln angesprochen werden, desto weniger partialisiert und desto vollständiger ist die Handlung und desto mehr Möglichkeiten bietet sie zur Erweiterung individueller Kompetenzen.

Patchwork-Biografien

Durch die sich verändernden Bedingungen des Arbeitslebens kommt es immer häufiger zu einer Abweichung von einer streng linearen, in ihren Elementen aufeinander aufbauenden Erwerbsbiografie, welche noch vor wenigen Jahrzehnten als Regelfall galt. Neben Erwerbslosigkeit, Ausbildungsabbrüchen, und häufigen Jobwechseln als wesentliche Ursachen für solche „Flickenteppich-Biografien" tragen auch die Elternzeit sowie berufliche Auszeiten, sogenannte Sabbaticals, zu Unterbrechungen in den Erwerbsbiografien bei.

Personenbezogene Dienstleistungen

Personenbezogene Dienstleistungen beziehen sich auf Leistungen, die in Kooperation bzw. Interaktion mit dem Kunden erbracht werden, z. B. im Beratungs- oder Servicebereich. Eine wesentliche berufliche Anforderung im personenbezogenen Dienstleistungsgewerbe ist die Regulation der eigenen Gefühle und die Beeinflussung der Gefühle der Kundin (vgl. auch emotional bzw. sentimental work).

Prospektive Arbeitsgestaltung

Bei der prospektiven Arbeitsgestaltung erlaubt die Arbeitsaufgabe eine eine Anpassung an die individuellen Fähigkeiten der Beschäftigten. Tätigkeiten werden lernförderlich gestaltet mit dem Ziel der Persönlichkeitsentwicklung während der Arbeit.

Proteische Laufbahnorientierung

Die proteische Laufbahnorientierung ist ein Konzept im Rahmen der New-career-Ansätze und beschreibt die selbstverantwortliche und wertegeleitete Gestaltung der eigenen beruflichen Laufbahn, die Freiheit und persönliches Wachstum – im Gegensatz zum objektiven Berufserfolg – betont.

Psychologischer Vertrag

Der Psychologische Vertrag beschreibt die individuelle Wahrnehmung der gegenseitigen Versprechen und Verpflichtungen im sozialen Austausch zwischen Arbeitnehmerin und Arbeitgeberin.

Regulationsebenen

Regulationsebenen kennzeichnen das Niveau der kognitiven Prozesse, die in spezifischen Handlungen involviert sind. Nach der Handlungsregulationstheorie ist eine Handlung hierarchisch vollständig, wenn sie nicht nur sensumotorische Operationen beinhaltet, sondern auch höhere geistige Prozesse.

Regulationserfordernisse	Die Regulationserfordernisse einer Arbeitsaufgabe bezeichnen das Niveau der kognitiven Prozesse, die zu ihrer Bewältigung erforderlich sind.
Reproduktionsarbeit	Reproduktionsarbeit ist Arbeit, die notwendig ist, um die Arbeitskraft zu erhalten. Der Begriff wird nicht nur verengt auf Tätigkeiten zur unmittelbaren Arbeitskrafterhaltung angewendet (z. B. waschen, putzen oder einkaufen), sondern auch auf Tätigkeiten, die helfen, die zukünftige gesellschaftliche Arbeitskraft zu erhalten (z. B. Kindererziehung).
Ressourcen	Ressourcen sind Faktoren, die die Auseinandersetzung mit Anforderungen und Belastungen unterstützen. Sie haben positive Effekte auf die Gesundheit und können Stressreaktionen mildern bzw. puffern. Es kann zwischen personen- und bedingungsbezogenen Ressourcen unterschieden werden. Eine häufig diskutierte bedingungsbezogene Ressource ist Handlungsspielraum. Ein Beispiel für eine personenbezogene Ressource ist berufliche Selbstwirksamkeit.
Risikofaktoren	Risikofaktoren sind diejenigen personalen Faktoren, die negative Wirkungen auf die Gesundheit haben und/oder die Wirkungen von Arbeitsbelastungen unterstützen. Zu den häufig diskutierten Risikofaktoren gehört das Typ-A-Verhalten.
Rollenstressperspektive	Die in stress- und ressourcentheoretischer Tradition stehende Rollenstressperspektive geht davon aus, dass eine hohe Zahl von Rollen in den verschiedenen Lebensbereichen die Wahrscheinlichkeit von Konflikten erhöht.
Selbstkonzept	Das Selbstkonzept ist die Gesamtheit selbstbezogenen Wissens und selbstbezogener Bewertungen. Es gliedert sich in verschiedene Selbstschemata, die in ihrer Einheit das Selbstkonzept konstituieren. Das berufliche Selbstkonzept wird als Teilbereich des Selbstkonzeptes verstanden, das sich explizit auf Selbsteinschätzungen von berufsbezogenen Fähigkeiten, Interessen, Handlungserfahrungen und Einstellungen bezieht.
Self-actualizing Man	„Self-actualizing Man" umfasst die Sichtweise auf den Menschen als nach persönlicher Entwicklung und Entfaltung strebend. Kennzeichnend für den Ansatz der Humanisierung der Arbeit, der die persönlichkeits- und entwicklungsförderliche Gestaltung von Arbeitsbedingungen zum Ziel hat.
Sentimental work	„Sentimental work" bezieht sich auf die intentionale Beeinflussung und Veränderung der Gefühle anderer Personen im beruflichen Kontext. Demgegenüber steht das Konzept emotional work, das sich auf den reflexiven Umgang mit den eigenen Gefühlen bezieht.
Sicherheitskultur	Sicherheitskultur stellt die Gesamtheit der von der Mehrheit der Mitglieder einer Organisation geteilten sicherheitsbezogenen Grundannahmen und Normen, die sich im konkreten Umgang mit Sicherheit in allen Bereichen der Organisation widerspiegeln, dar.
Sicherheitspsychologie	Die moderne Sicherheitspsychologie geht über die reaktive Analyse bereits geschehener Unfälle hinaus und widmet sich im wesentlichen der Prävention von Unfällen, d. h., es werden auch Beinaheunfälle und sicherheitswidriges Verhalten in die Analysen einbezogen (vgl. auch „Unfallpsychologie").

SOC-Modell	Das SOC-Modell ist ein kompensationsbezogenes Altersmodell, nach dem Selektion, Optimierung und Kompensation als Grundprozesse der Erhaltung von Handlungskompetenz auch bei Funktionsverlusten und Einschränkungen dienen.
Social Man	„Social Man" umfasst die Sichtweise auf den Menschen als soziales Wesen, für dessen Entfaltung soziale Beziehungen grundlegend sind. Kennzeichnend für den Human-Relations-Ansatz, der u. a. die Gestaltung der sozialen Beziehungen am Arbeitsplatz in den Blick nimmt.
Soziotechnische Analyse	Eine soziotechnische Analyse hat den soziotechnischen Systemansatz als theoretischen Hintergrund. Dabei wird in besonderem Maße die Wechselwirkung von sozialen und technischen Subsystemen eines Arbeitssystems analysiert und die Notwendigkeit betont, diese gemeinsam zu optimieren. Sie berücksichtigt zudem externe Systeme, z. B. Instandhaltungs-, Zulieferer-, Abnehmersysteme.
Spillover-Effekt	Der Spillover-Effekt besagt, dass Erwerbsleben und Privatleben sich gegenseitig beeinflussen, indem der eine in den anderen Lebensbereich „überquillt". Dieser Transfer auf den jeweils anderen Lebensbereich kann sowohl positiv als auch negativ sein.
Stress	Stress entsteht durch eine Situation, die als aversiv, zeitlich nah und lang andauernd eingeschätzt wird, die als nicht kontrollierbar beurteilt wird, deren Vermeidung aber wichtig erscheint.
Stressoren	Stressoren sind Faktoren, die mit erhöhter Wahrscheinlichkeit negative Wirkungen auf die Gesundheit haben. Es kann zwischen personen- und bedingungsbezogenen Stressoren unterschieden werden. Häufig untersuchte Arbeitsstressoren sind Zeitdruck oder arbeitsorganisatorische Probleme. Ein Beispiel für einen personenbezogenen Stressor ist Feindseligkeit.
Subjektpsychotechnik	Subjektpsychotechnik ist eine Richtung der Psychotechnik, die sich mit der Anpassung oder auch Auswahl des (bzw. von) Menschen an vorhandene Arbeitsmittel und Arbeitsbedingungen beschäftigt.
Teilautonome Arbeitsgruppen	Teilautonome Arbeitsgruppen sind Arbeitsgruppen, bei denen mehrere Arbeitende in einer räumlich und organisatorisch abgegrenzten Produktionseinheit eine gemeinsame Aufgabe ausführen. Sie dient der Herstellung eines gemeinsam erzeugten (Teil-)Produktes und unterteilt sich in interdependente Teilaufgaben. Die Aufgabe wird in gemeinsamer Verantwortung dauerhaft übertragen. Vollständige Aufgaben sind gewährleistet.
Tokenism	Der Ansatz des Tokenism von Rosabeth Moss Kanter thematisiert die Minderheitensituation in Gruppen (z. B. von Frauen in männlich dominierten Bereichen). Im Rahmen des Ansatzes wird postuliert, dass bei den Angehörigen von Minderheiten in Gruppen (sog. „Token") ihr Token-Status dazu führt, dass sie aufgrund der erhöhten Sichtbarkeit und Aufmerksamkeit versuchen, sich unauffällig zu verhalten und ihre Präsenz und eigene Leistung zu verbergen.

Unfällerpersönlichkeit

Aus einer früheren, personenbezogenen Perspektive auf Unfälle bestand die Annahme, dass es Menschen mit einer besonderen Disposition für Verhaltensweisen gibt, die vergleichsweise leicht zu Unfällen führen – sogenannte „Unfäller" oder „Unfällerpersönlichkeiten" (Marbe, 1926).

Unfallpsychologie

Die Unfallpsychologie beschäftigt sich mit der Analyse bereits geschehener Unfälle. Bei dieser reaktiven Vorgehensweise wird Sicherheit als das Ausbleiben von Unfällen verstanden. Mit der Hinwendung zu einem präventiven Verständnis von Sicherheit ist der Begriff „Unfallpsychologie" allerdings in den Hintergrund getreten.

Verhältnisprävention

Verhältnisprävention befasst sich mit der Gestaltung der Arbeitsbedingungen und deren Auswirkungen auf die Gesundheit der Beschäftigten. Sie setzt bei den Arbeitsmitteln, den Umgebungsbedingungen und der Arbeitsaufgabe an.

Ergänzende Übungsaufgaben

1. Warum ist Bezahlung aus Sicht der Arbeitspsychologie kein geeignetes Kriterium zur Unterscheidung von Arbeit und „Nichtarbeit"?
2. Was ist Psychotechnik?
3. Benennen Sie einige (gesellschaftliche) Besonderheiten der Arbeitsteilung in den meisten Industriegesellschaften.
4. Benennen Sie Dimensionen der geschlechtsspezifischen Arbeitsteilung.
5. Ist eine sequenziell vollständige Handlung auch eine hierarchisch vollständige Handlung?
6. Welche Implikationen hat die Handlungsregulationstheorie für Interventionen, besonders für Arbeitsgestaltungsmaßnahmen?
7. Wie können durch psychologisches Wissen die Prozesse der Berufswahl und Laufbahnentwicklung unterstützt werden?
8. Wie können durch psychologisches Wissen geschlechtstypische Differenzen bei der Berufswahl reduziert werden?